职业教育现代文秘专业国家教学资源库配套教材

新编**21**世纪高等职业教育精品教材 ◆ 文秘类

现代办公事务处理

XIANDAI BANGONG SHIWU CHULI

主　编　梁　珊
副主编　王　萌　高　彬
参　编　郭婧婧　李　乔　高元贞　侯冬梅
　　　　张万春　唐　骥　叶照真

中国人民大学出版社
·北京·

图书在版编目（CIP）数据

现代办公事务处理 / 梁珊主编. -- 北京 : 中国人民大学出版社，2025. 1. --（新编 21 世纪高等职业教育精品教材）. -- ISBN 978-7-300-33455-4

Ⅰ. C931. 4

中国国家版本馆 CIP 数据核字第 2024GK4349 号

职业教育现代文秘专业国家教学资源库配套教材
新编 21 世纪高等职业教育精品教材 · 文秘类
现代办公事务处理
主　编　梁　珊
副主编　王　萌　高　彬
参　编　郭婧婧　李　乔　高元贞　侯冬梅
　　　　张万春　唐　骥　叶照真
Xiandai Bangong Shiwu Chuli

出版发行	中国人民大学出版社		
社　　址	北京中关村大街 31 号	邮政编码	100080
电　　话	010－62511242（总编室）		010－62511770（质管部）
	010－82501766（邮购部）		010－62514148（门市部）
	010－62515195（发行公司）		010－62515275（盗版举报）
网　　址	http://www. crup. com. cn		
经　　销	新华书店		
印　　刷	中煤（北京）印务有限公司		
开　　本	787 mm×1092 mm　1/16	版　　次	2025 年 1 月第 1 版
印　　张	10. 75	印　　次	2025 年 1 月第 1 次印刷
字　　数	240 000	定　　价	48. 00 元

前言

现代文秘专业是一个具有鲜明职业性和应用性的专业，高职文秘专业教学目标应定位于为企业培养高技能应用型人才。秘书工作是一项极具挑战性的工作，工作内容、工作环境、工作要求、工作对象千差万别，即使是同一家企业，对不同部门的秘书人员要求也不尽相同。所以，如何培养合格的职业秘书一直是文秘专业教学中的一个难题。我们走访了很多企业，和企业秘书一起探讨了秘书的岗位工作。现代企业对秘书素质的要求越来越高，本书尝试以理论知识为支撑、以技术技能培训为核心、以过程化实训为手段、以综合素质提升为目标，来构建高职文秘专业新的课程和教材体系。

本书主要有以下特点：

（1）编写结构新颖，实用性强。本书通过任务来引领教学内容，强化办公操作技能及程序的说明，按照任务导入—任务提出—任务分析—必备知识—实战训练的体例进行编写，将秘书应该掌握的知识和技能融汇于每一个任务中，思路清晰、重点突出、简洁实用。

（2）设计统一的企业身份角色背景。本书构建了一个虚拟的职场空间，使学生在实训和亲身体验中逐渐熟悉企业秘书的工作职责，提高相应的工作技能。我们与北京亚伟科技有限公司联合定制开发的 3D“文秘综合训练”虚拟仿真平台，采用任务闯关游戏的模式，引导学生在仿真环境中实现自己的职业理想。

（3）注重技能提升，体现高职特色。任务导入由中原教育科技集团和编写团队共同设计，来自企业真实案例。实务训练和课后拓展结合企业需要、课堂知识和技能点进行设计，帮助学生举一反三。

（4）注重素质教育，落实立德树人根本任务。党的二十大报告指出，培养造就大批德才兼备的高素质人才，是国家和民族长远发展大计。为全面贯彻党的教育方针，落实立德树人根本任务，本书在每个项目的学习目标中设置素质目标，在任务分析中注重用社会主义核心价值观铸魂育人，并通过优秀案例传递榜样力量，增强学生的爱国情怀和社会责任感。

（5）配套资源丰富。本书是现代文秘专业国家教学资源库建设课程配套教材，配有案例库、微课、视频库、课件库、课后技能训练答案库、3D“文秘综合训练”虚拟仿真平台等教学资源，便于学生自学，也能较好地满足教师的教学需要。

本书编写团队由在多年教学、工作实践中积累了丰富经验的一线教师和办公室工作人员组成。河南经贸职业学院梁珊担任主编，负责全书的统稿工作；河南经贸职业学院王萌、高彬担任副主编；河南经贸职业学院郭婧婧、李乔、高元贞，郑州旅游职业学院侯冬梅，河南财政金融学院张万春，北京亚伟科技有限公司唐骥，以及中原教育科技集团叶照真参与了本书的编写。具体分工如下：梁珊编写项目一、项目二，王萌编写项目四的任务四、任务五，高彬编写项目六、项目八、项目十，郭婧婧编写项目五、项目七，李乔编写项目三、项目九，高元贞编写项目四的任务一、任务二、任务三，侯冬梅、张万春参与编写思路设计及大纲和体例设计，唐骥负责 3D“文秘综合训练”虚拟仿真平台资源整合、技术支持，叶照真参与案例设计与任务分析编写。

本书吸收相关的前沿性研究成果，参考、引用和改编了诸多文献中的相关资料和网络资源，以参考文献形式在书末列出，未能在书中一一注明的，编者在此深表歉意，并向相关作者表示诚挚的谢意！受水平所限，书中疏漏之处在所难免，敬请同人批评指正。

编者

目录

项目背景

背景描述：

中原文化教育有限公司（虚拟）是一家大型文化传播与教育科技公司，位于河南省郑州市。该公司业务主要包括文化类会议会展服务、展览展示活动承办；企业文化策划、营销、咨询服务；职业教育咨询（中介服务除外）、培训、资源交流制作、软件开发；广告设计、制作、代理、发布等。

主要人物介绍：

总经理：董关礼，男，45 岁。

副总经理：傅明，男，40 岁。

办公室主任：张成功，男，38 岁。

总经理秘书：林丽，女，35 岁。

办公室秘书：陈文，女，30 岁，资深秘书（工作分工以办会为主）。

办公室秘书：李景，男，28 岁，资深秘书（工作分工以办文为主）。

办公室秘书：王丹，女，28 岁，资深秘书（工作分工以办事、协调为主）。

办公室文员：温暖，女，22 岁，大学毕业不久，刚刚踏上工作岗位。

办公室前台秘书：何寒雪，女，21 岁，大学毕业不久，刚刚踏上工作岗位。

本书构建了一个虚拟的职场空间，项目背景以办公室文员温暖从刚刚毕业的大学生逐渐成长为一名合格的公司秘书的过程为主线，同时结合办公室文员（温暖）与前台秘书（何寒雪）、办公室秘书（资深秘书陈文、王丹、李景）与总经理秘书（林丽）、办公室主任（张成功）的岗位职责设计相应的任务导入和实训任务。

项目一 办公室秘书工作概述

项目概述

办公室既表示具体的办公空间，也表示特定的工作实体，它普遍存在于我国党政机关、企事业单位和社会团体中，是为处理各单位的综合性事务而设置的办事机构。办公室是综合性的部门，秘书工作是综合性的工作。但就秘书工作的专项事务而言，大量的日常工作又需要秘书具备专门的技能。也就是说，秘书不仅要熟悉单位各方面的运转机制，还要精通完成本职工作所必备的技能，这就体现出秘书的专业性。因此，办公室秘书既要成为能综合处理各项事务的杂家，也要成为能出色完成秘书工作任务的专家。

学习目标

➢ 知识目标

1. 了解秘书工作的内容、特点、作用。
2. 理解秘书工作的原则以及原则性和灵活性的关系。
3. 掌握办公室秘书应具备的职业素养。

➢ 能力目标

1. 能够全面、准确地认识秘书工作。
2. 能够准确领会本级和上级领导的工作意图。
3. 能够根据秘书工作的要求提高自身的办事能力和工作悟性。

➢ 素质目标

1. 培养忠于职守、乐于奉献的职业道德素养。
2. 树立正确的秘书职业观，养成严谨、规范的办公室工作习惯。

任务一 认识办公室秘书工作

任务导入

中原文化教育有限公司是一家大型文化传播与教育科技公司。为了更好地满足经营发展的需要，公司招聘了一名办公室文员和一名办公室前台秘书，温暖、何寒雪分别被录用。办公室主任张成功在和她们面谈的时候发现，她们对办公室秘书工作认识不足，以为每天除了按部就班地打水、扫地、接电话，在办公室打打杂，并没多少事情可干。张主任决定让办公室秘书王丹对她们进行入职培训，让她们尽快认识办公室秘书工作，了解办公室秘书工作的内容。

任务提出

如果你是办公室秘书王丹，你会对温暖和何寒雪进行哪些内容的培训从而让她们正确认识办公室秘书工作呢？

任务分析

王丹首先应该使新入职秘书人员认识到办公室是单位的中枢性机构，它对上传下达、联系左右、沟通内外发挥着重要的作用，单位的有效运作离不开办公室工作。办公室工作的特性决定了办公室秘书从事的就是繁杂的工作，特别是对于刚刚走上工作岗位的新员工来说，一般都要从基层做起，从打杂开始，要做好吃苦耐劳的思想准备。

其次应该使新入职秘书人员了解到处理大量繁杂、具体的日常事务是秘书工作的重要内容，诸如接待客人、随领导出访、接听电话、管理印信、安排值班等，并认识到这种看似打杂的工作并不是轻易就能做好的。它不仅范围广，而且难度大，涉及单位的各个方面，是秘书人员有效辅助领导工作的基础。

最后应该使新入职秘书人员充分认识到事务性工作的重要意义，积极主动地承担繁重而琐碎的工作，努力为领导的决策和管理提供良好的条件。个人的价值，首先体现在自己工作的每一个细节中，脚踏实地做好每一件事情，坚持不懈，把握机会，人生的理想才能实现。

必备知识

一、秘书的含义

“秘书”一词，最早指宫廷中秘藏的书，后来逐渐由指物发展为指人。现代秘书是领导的助手，是党政机关、企事业单位、社会团体中直接辅助领导中枢的人。秘书不同于职能部门的业务人员，他们是提供综合性、辅助性服务的人员；秘书也不同于一般的勤杂人员，他们是掌管文书、掌握综合情况、完成领导交办事务的人员；秘书更不同于行政领导，他们只是代表领导办事、为领导服务的工作人员，是附属于领导职能的办事人员。我国的《秘书国家职业标准》（2006 年版）将秘书定义为：从事办公室程序性工作、协助上司处理政务及日常事务并为决策及实施提供服务的人员。

尽管秘书的种类繁多，层次高低也不同，但掌管文书、辅助领导、管理信息是他们的共同特征，他们是代表集体与集体意愿的领导及领导群体的参谋和助手。

秘书工作的来源

二、秘书工作的内容

秘书工作是秘书群体在协助领导进行管理的过程中所开展的一系列辅助性、服务性的工作。总体来看，秘书工作的内容主要包括以下几类。

（一）办公室环境管理

对办公室环境进行合理的设计、控制和组织，使其达到最优状态。

（二）办公室时间管理

科学合理地进行时间管理，提高工作效率；正确编制工作日志；合理安排会议流程。

（三）办公室用品管理

办公室用品管理包括常用办公设备管理和办公资源采购与管理。

（四）常规办公室工作

秘书部门承担了单位的日常事务处理职能，主要包括电话通信、单位印章和介绍信的管理、邮件处理、商务旅行安排、后勤管理以及对公务活动中的各类客人和来访者的迎送、接洽和招待活动安排等工作。处理好事务性工作，是单位工作顺利进行的重要保障。

（五）安全管理

安排节假日值班工作，对文书、会议、通信、人事以及计算机网络信息等采取必要的保密手段和措施。

（六）信息工作

信息工作包括对各种信息进行收集、筛选、整理、加工、使用、反馈以及编印信息刊物等。秘书部门是单位信息网络的中心，是领导了解和掌握信息的主要渠道。作为科学决策和科学管理的基础，向领导提供及时、准确、全面的信息，是秘书部门的重要职责。

（七）调研工作

调研是秘书部门的经常性工作。秘书部门不仅要通过经常性的调研活动，熟谙本地区、本单位、本部门的情况，还要围绕本单位一个时期的中心任务，开展政策性、专项性的调研。如果是企业的秘书部门，则应更加注重市场情况的调查与分析，从而为领导决策提供科学的依据。秘书部门的调研工作是秘书辅助决策、当好领导参谋和助手的重要前提。

（八）会务工作

会务工作是指直接为召开会议或举行集会服务的工作，包括会前的准备与筹划、会间的组织与调度以及会后的整理。作为秘书部门的一项基础性工作，会务工作应力求周密、高效与安全。

（九）文书及档案管理工作

文书及档案管理工作包括文稿撰拟工作、文书处理工作、档案管理工作三部分。文稿撰拟工作主要指各类文稿的起草、修改、审核和校对工作。文书处理工作主要指公文（含非公文的其他公务文书）从收发到归档或销毁全过程的处理工作，具体包括各类文件、电报、信函等的收发、打印、传递、登记、办理、立卷、归档或销毁等工作。档案管理工作包括各类文书档案的收集、整理、保管和利用等工作。档案管理工作是维护本单位历史真实面貌不可或缺的一项重要工作。秘书部门要集中统一地管理本单位的全部档案，维护档案的完整与安全。

三、秘书工作的作用

（一）助手作用

秘书工作的助手作用具体体现为替上司把关和帮上司处理事务。替上司把关包括对来访人员的把关、下情上传的把关，以及文件内容、信函措辞、接待规格、会议时间、人员调配等具体事务的把关。帮上司处理事务表现为帮助或者代替上司处理单位日常事务，节省上司的精力，从而使上司有更多的精力去处理更重要的工作。

（二）参谋作用

中、高级秘书服务的对象都是中、高层领导，很多时候他们的决策也需要秘书进行前期调研、中期分析归纳、后期意见提供，辅助领导决策，这就是参谋作用。有时还要为上司草拟文件和方案，或者组织专家论证、参与调研、选定方案。高级秘书还能充当领导的“顾问”，利用自己在工作中掌握的情况，帮助领导解决疑难问题，为领导出谋划策，以供参考。

（三）协调作用

办公室秘书所涉及的工作很多是需要多个部门协调配合的，秘书常常需要代表上司，在各部门之间沟通、协商，以消除误会、调整进度、配置资源、分配利益、促进协作，并将难解的问题呈报给上司处理，以使工作得以推进。相比于各部门代表从自己部门利益出发的办事态度，秘书可以以局外人的身份从中斡旋，还能以上司代表的身份阻止矛盾激化。所以说，秘书就是单位工作的“润滑剂”，可以让需要各部门相互配合的工作开展得更加顺畅。

（四）信息枢纽作用

秘书部门一项很重要的工作就是信息指令的上传下达。秘书可以从文档管理、接待、对外联络、信息处理与调研、督查等工作中获取大量的信息。秘书部门可以说就是单位的信息库和信息集散地。如果说单位领导相当于计算机的 CPU，那么秘书就是负责储存、提取和管理信息的操作系统，随时为领导提供相关信息。

（五）保密作用

正因为秘书部门是单位的信息枢纽，负责保管各种机密文件、数据，组织机密会议，安排重要会晤，是各种信息汇总的中枢，所以保密被称为秘书的天职。尤其是一些涉密的政府部门和企事业单位的秘书，更要有大局观念，管好自己的手和嘴，严守机密，知道的不乱说，不该知道的不乱打听。

（六）公关作用

秘书部门素有“关口”“窗口”“门面”之称：说它是“关口”，是指在一个单位里，秘书部门要严把文字关、用印关、保密关；说它是“窗口”，是指内外联系、群众来访、各方来人洽谈工作与商办事情，都由秘书部门出面沟通协调；说它是“门面”，是指秘书能代表领导处理问题、代表领导办事，能反映领导意图。秘书工作做得怎样、作风好坏，直接反映了一个单位的精神面貌。

办公室经常接触的人员接待、对外事务管理、沟通与协调、督查与危机管理等公关工作，起着“内联外达”的公关作用。秘书应该本着“外结良缘，内保团结，上下一心，共谋发展”的原则处理公关事务，主要包括促进本单位与其他党政机关、企事业单位等的联络和往来，处理群众的来信来访，处理客户投诉，处理本单位与媒体的关系，沟通直接上司和其他领导、企业股东之间的关系，收集员工的意见和建议，做好对员工的福利照顾等。

秘书如何定位

实战训练

微软女秘书露宝

1. 课堂讨论

（1）秘书工作的内容包括哪几类？

（2）怎样理解秘书工作的事务性特点？举例说明如何提高简单事务性工作的含金量。

2. 分析案例，解决问题

3. 实务训练

某秘书网通过网络对学生、个体户、公司职员、机关干部、自由职业者、居民等共1 600人进行了问卷调查，对回收的问卷进行整理以后，发现被调查者对秘书职业有4种误解：(1) 20%的人认为秘书是花瓶，吃的是青春饭。(2) 30%的人认为秘书是打杂的，扮演的是事事听命于人，端茶倒水、打扫卫生、伺候人的角色。(3) 22%的人认为秘书是二号首长，是领导的代言人，备受宠信，掌握实权，办事方便。秘书岗位不仅有利可图而且是升官晋爵的捷径。(4) 28%的人认为"秘书＝女秘书"，女性适合当秘书，秘书需要细心、耐心，不是男性擅长的。

以小组为单位展开讨论，逐一对上述4种观点进行辨析。

实训目的：

通过实训，学会利用互联网收集案例、资料，并能够利用收集来的案例、资料进行观点的辨析。

实训说明：

阶段	实训任务	要求
查阅资料	1. 本部分实训在授课后进行 2. 利用互联网查阅资料，收集微软、阿里巴巴、华为等公司对秘书的要求以及具体某个秘书所具备的能力和素养等案例、资料	注意案例人物对应上述4种说法中的哪一种
分组讨论	把全班同学分成若干小组，小组内利用收集来的案例、资料对以上4种观点逐一进行辨析	微软女秘书露宝、华为的秘书体系等都可以作为佐证
分析归纳	1. 分析上述4种观点形成的原因，比如影视剧的影响，可以对《杜拉拉升职记》中的杜拉拉、《穿普拉达的女王》中的安迪进行分析，总结出影视剧对大众对秘书的看法的有利影响和不良影响 2. 归纳出正确的观点	着重总结归纳杜拉拉、安迪身上的发展性职业素养，如有理想、不放弃、善思考、愿奉献等
反思评价	1. 自我反思是否能对案例、资料中的信息进行分类汇总 2. 自我反思是否能归纳出正确的观点和秘书应具备的品质 3. 自我反思是否能参与到小组的讨论中并提出自己的观点	记录讨论和分析过程

4. 课后拓展

利用课余时间走访文秘专业校企合作单位，进行参观，观察和收集相关企业秘书部门的工作内容，体会秘书部门的作用。

任务二 秘书工作的特点与原则

任务导入

温暖入职以后遇到很多情况都不会灵活处理，原以为很简单的工作并没有很好地完成，自己工作忙忙碌碌，很是努力，但总是得不到领导的肯定，工作中经常出现疏漏和失误，而办公室张主任却总是忙而不乱、井然有序、办事得体，得到公司领导和员工的一致肯定。温暖向张主任请教其中的秘诀。张主任笑着说：“其实，秘书工作看起来纷繁杂乱，要做好它需要掌握一些要领，这就需要秘书有悟性，在工作中既要恪守原则，又要灵活操作，围绕领导工作的需要开展服务性和辅助性工作，这样，秘书工作就会更有成效，一些问题也就迎刃而解了。”接着，张主任又和温暖一起，仔细分析了如何在办公室工作中把握好原则性和灵活性，以及具体工作的应对办法。

资料来源：黄海．办公室工作实务［M］.4 版．北京：电子工业出版社，2020：11.

任务提出

如果你是温暖，在以后的办公室工作中应如何做到既恪守工作原则，又注重灵活操作？

任务分析

在秘书工作中，要想做到既恪守工作原则，又注重灵活操作，就应该在工作中摸索规律，掌握一些工作要领。

秘书的一切事务性工作都是“事”，从广义上看，“办文”“办会”也是“办事”，所以，“事”的特点就是无边无际、无尽无休。面对如此纷繁庞杂的事务，秘书工作的关键是要摸索出事理，掌握规律，举一反三，这样才能尽量办好所有的事。秘书的所有制度和纪律要求，都是针对秘书的办事效率和办事作风提出来的。“办事”的核心是认识事理，认识事理的目的在于提高办事悟性，具备较高的办事悟性才能把事情“办”出最佳的结果。

此外，秘书还要提高随机应变的能力。秘书工作的一大特点就是突发性事件多，很多客观因素无法控制，一旦出现新的情况，就要求秘书采取新的对策，如果秘书不机灵，按部就班、墨守成规，就有可能造成失误。随机应变能力的提高，从根本上说有赖于工作经验的积累。温暖应该时时处处留意资深秘书的处事方式，积累经验。

微课：“办文”“办会”“办事”的关系

必备知识

一、秘书工作的特点

秘书工作的任务可概括为：参与政务，管理事务，综合服务。其中，秘书参与政务是辅助层面上的参与，而不是主持、决断；秘书的事务性工作，是领导意图下的管理和承办，而不是自行其是。所以有人说，秘书是“组织参谋，领导助手，群众桥梁，机关管家”。

总体来看，秘书工作具有以下特点。

（一）辅助性

秘书工作的辅助性，也可称为从属性，是与“主导性”相对而言的。秘书在处理任何问题时，都只能按照领导的决定、决议、指示精神办理而不能代替领导做决定。秘书可以对本单位工作中的问题提出解决方案，但这些方案只有经过领导研究决定采用后，才能作为领导的决定去执行，而不是作为秘书或秘书部门的决定去执行。秘书人员虽然参与领导班子研究各种问题，但只有发言权，并无决定权。决定权只有领导个人或领导集体才拥有。

（二）被动性

秘书工作的辅助性地位决定了它的被动性。一方面，虽然秘书工作也有自己的工作计划、安排，但总的来说，它必须根据领导的工作需要来安排；另一方面，现代秘书部门作为承上启下的枢纽机构，来往的公文、信件、电话等都要经过这里，单位的大小事务，凡是无法分解到具体业务部门的，都要由它承担。这些工作变动性大，需要秘书人员随机应变。秘书人员要充分发挥主观能动性，认真研究现代秘书工作的规律，抓住规律性，在工作上争取主动：主动提出工作建议，敢于发表自己的意见，而不是被动地等待领导布置工作；经常对下一步工作进行预测，及早提出工作中可能出现的问题，并制定相应的对策。

（三）综合性

秘书工作的综合性是由秘书部门的综合性决定的。现代秘书部门属于综合性机构，它不像业务部门那样各司其职、各负其责，分管某个方面的工作，而是要对各部门工作都有所了解，协调它们之间的关系，把它们联系成一个有机的整体，并对整个单位工作负责。这就需要秘书人员站在全局性的立场上，时时处处用综合的眼光审视和思考问题，具备较强的综合能力。

（四）机密性

办公室秘书是各级领导的参谋和助手，经常参与研究各种机密问题，并负责各种机密文件的起草和保管工作，因而秘书工作具有高度的机密性。由于工作需要，秘书人员常常比其他工作人员早知道一些信息、情况，如党和国家的方针政策、上级的意图、各种统计数据、人事调动、会议中领导集体在讨论问题时的一些不同观点与未定事项以及上级下达的各种不同密级的文电资料等，它们都具有一定的机密性，秘书人员应当严守机密，严格执行党和国家以及具体单位的有关保密制度。

微课：秘书工作的特点

（五）事务性

秘书的事务性工作非常多，如收发登记、起草文书、打印校对、接听电话、迎来送往、派车买票、安排食宿等，可谓“细”“繁”

"杂"。秘书工作的辛苦，与其较强的事务性分不开。做好事务性工作，才能使单位内部秩序井然，与外部单位顺畅沟通，从而使单位职能正常发挥；做好事务性工作，才能使单位领导从琐碎的事务中摆脱出来，集中时间和精力想大事、干实事，更高效地进行领导。因此，现代秘书人员要充分认识到事务性工作的意义，不畏繁杂、不嫌琐碎，踏踏实实地做好每项不显眼的工作。

习近平：秘书工作的风范——与地县办公室干部谈心

二、秘书工作的原则

周恩来同志曾经对机要人员提出三项要求："第一要保密，第二要准确，第三要迅速。"① 这便是我国秘书工作的三项基本原则。

（一）保密

严守机密是办公室秘书必须具备的观念，是对秘书工作的纪律要求。由于工作需要，办公室秘书经常参加领导会议、起草文件、保管档案，接触机密的机会较多，知密度很高，如不注意保密，甚至泄露机密，就会给单位造成严重的损失。因此秘书一定要注重工作的保密性，对不应公开的情况守口如瓶，保守以下涉密信息：机密文件、通信数据；会议精神和纪要；单位内部政策和企业资金、账目、经营网络、生产工艺、知识产权、专利发明、客户资料等信息；领导的住址、行踪、家庭情况、个人爱好；机构设置和人员配置信息；本单位的规划和机密安排；员工背景、业务特长、档案、奖惩信息等。同时，要注意处理好保密与应用的关系，什么应该保密，什么应该公开，须划清界限，并在实践中妥善执行。

（二）准确

准确原则要求秘书工作准确无误，没有差错和疏漏，具体而言，就是办文要准、办事要稳、情况要实、主意要慎。秘书工作的准确性，是对秘书工作质量的要求，也是衡量秘书工作质量的首要标准。可以说，秘书工作的准确性，在一定程度上保证了领导工作的准确性，保证了单位组织的正常运转，也是提高办公室工作效率的基础。办公室秘书应具备认真的工作态度、扎实的工作作风，这样才能保证秘书工作的准确无误。

（三）迅速

迅速原则要求秘书工作讲究时效，做到用时最少、花费最小，取得最佳的办公效果。它是对秘书工作效率的要求，也是办公室秘书发挥重要作用的体现。尤其是在当今市场竞争日益激烈的商业领域，时间就是金钱，效率就是生命，秘书工作的时效性，在很大程度上能保证领导工作的效率，这也是单位组织取得工作效益的重要保障。办公室秘书必须具备高度的工作责任心，力戒懒散的工作作风，这样才能提高秘书工作的时效。

三、秘书工作的原则性和灵活性

办公室秘书在处理各项事务时必须坚持一贯的工作原则，按相应的原则办事，这样才有利于提升工作的质量和效率，提高工作的规范性，克服随意性，从而避免或减少疏漏和失误。但是，任何工作都需要将原则性与灵活性相结合，秘书工作也不例外。由于

① 敬爱的周总理 我们永远怀念您：第 3 辑．北京：人民出版社，1977：97.

秘书处在一个协调者的位置上，因此其工作的方式、方法就不能过分呆板，在工作中既要恪守原则，又要灵活操作、讲究策略，发挥思维的机敏性和灵活性。这样便既能把事情办得遵章守法，又能使领导满意、各方认同，秘书工作中的一些棘手问题也就迎刃而解了。而要实现这一点，就需要秘书具有一定的工作悟性。所谓工作悟性，具体来说就是要能处理好以下几种关系。

（一）准确与宽泛

秘书工作的一个基本原则是准确，但准确就意味着界域狭小，难以达成。而模糊或者界域放宽并不等于不准确，相反，由于更易达成，因此也就更容易做到准确。

例如，办公室秘书为领导草拟公文，要忠实、完整、准确地表达领导的意思，也要把忠实、完整、准确表达的规范性和灵活性结合起来，准确表达领导的意思并非照搬领导的所有话语。照搬虽然准确，但也意味着公文写作的界域狭小，反而难以写出合乎要求的公文，因此，草拟公文需要将领导立意按领导的思路全面展开，层层分析，在忠于领导原意的基础上追求一种更宽泛的表达，即深化其观点和内容，使之表达得更系统、更有逻辑性。所以，在秘书工作中有时必须权衡好准确与宽泛的关系，这实质上就是秘书工作中原则性和灵活性的恰当把握。

（二）迅速与暂缓

作为秘书工作的一个基本原则，迅速强调的是快速、是时效。但在秘书工作中，有些事情“欲速则不达”，暂时缓和一段时间，或许事情反而能圆满解决而不至于产生不良后果。解决问题需要讲究方式和方法，而方式和方法就包含了时间的因素。在一定的时间达到一定的目标，当快则快，当慢则慢，快慢适当，这就是原则性和灵活性的体现。

（三）谨慎与果断

秘书的谨慎就是办事周密、稳重，避免出错。但谨慎往往也意味着循规蹈矩、瞻前顾后甚至优柔寡断，从这个角度来说于工作不利，于秘书的个人发展也不利。秘书工作要求谨慎细心，但在有些情况下还是要果断，当断不断，反受其乱。

秘书在工作中经常会遇到一些突发事件，要求秘书不能有半点犹豫，必须果断处理。比如为领导出谋划策，如果唯恐出错而顾虑太多，反而会失去参谋辅助的最佳时机。因此，秘书在工作中应恰如其分地把握好谨慎与果断的关系，细心办事，果断行动，这也是秘书工作中原则性和灵活性的具体体现。

（四）保密与宣传

保密意识是办公室秘书必须具备的职业操守。尤其是现代企业讲究沟通和宣传，讲究公众的知情权，而且现代科学技术、互联网的发展也使企业的经济、科技等各个方面越来越透明。具体到秘书工作，秘书既要将上级的有关政策、领导的决策意图向单位员工做宣传，让员工充分理解，又要对某些问题保守机密。这就是妥善处理保密的原则性与宣传的灵活性的体现。

实战训练

1. 课堂讨论

（1）秘书工作的特点有哪些？

（2）如何理解秘书工作的三大原则？

秘书的忠告

2. 分析案例，解决问题

3. 实务训练

李秘书的一天

小李，25岁，毕业于某院校文秘专业，在一家跨国公司任前台秘书，主要职责为前台接待，同时负责上司的办公室整理，工作已有两年时间。小李某一天的工作安排是这样的：

8：30 到达自己的办公区，把办公区打扫干净。

8：40 清扫总裁办公室、总裁接待室。

8：50 查点备用物品，打开自己的电脑，查收文件。

9：00 回到前台岗位，上司到来时礼貌地向上司问好。

9：15 查看当天的工作安排，将来访人员名单列出来。

9：30 将来访人员名单与工作安排提交给上司，查收电子邮件，并回复了大部分电子邮件，向上司请示剩余几件自己无权做出决定的事情，得到指示后通过电子邮件给予回复。

10：00 打电话确认上司的预约，给一个重要的客户准备生日礼物。

10：30 客人准时到达，将客人引导到接待室，给客人沏好茶后退出。

11：30 签收5份文件，并转交给行政办公室邱主任。

12：00 午休。

13：00 回到办公区，接听电话、查看网上信息等。

13：15 接到3个重要电话，向上司汇报几个电话留言。

14：00 打电话要求快递公司前来收取包裹。

14：30 ××公司萧总来访，萧总与上司谈话后要去税务局，为他准备路线图。

16：30 给萧总讲去税务局的路线，送别萧总。

17：00 完成明天的工作日程表，下班。

资料来源：焦名海．秘书理论与实务［M］．4版．大连：大连理工大学出版社，2022：1.

请根据小李一天的具体工作安排归类列出其主要工作内容，据此列出前台秘书的工作职责。

实训目的：

通过实训，加深对前台秘书工作任务与职责要求的认识。

实训说明：

阶段	实训任务	要求
分组讨论	1. 本部分实训在授课后进行 2. 列出小李的所有工作任务，先小组讨论，然后对工作任务进行分类汇总，列出其主要工作任务	秘书的工作很繁杂，案例中小李完成的工作较多，要认真阅读材料，了解秘书的工作任务
分析归纳	1. 分析秘书岗位的工作特点。分析时可以采用归纳法，即先分析每项任务的特点，然后归纳出总的特点 2. 总结秘书岗位的工作任务与职责要求	区分哪些是她职责范围内的事，哪些是不属于她职责范围内的事
反思评价	1. 自我反思是否能对工作任务进行分类汇总 2. 自我反思是否能总结出秘书的工作任务与职责要求 3. 自我反思是否能参与到小组讨论中并提出自己的观点	记录实训过程

4. 课后拓展

利用学校举行的校友会活动积极联系往届毕业生并对他们进行采访，从中积累秘书岗位的实际经验。

任务三　秘书人员的职业素养

任务导入

为了加快业务发展，中原文化教育有限公司准备新招聘 3 名秘书，分别负责前台接待、信函收发、文件存档管理，总经理让温暖起草一则招聘启事。她按照自己的工作内容列出了简单的要求：女性，30 岁以下，大学本科及以上学历，有较强的文字能力，相貌端庄，踏实肯干。总经理看后很不满意，要求温暖立即修改。温暖到网上查阅了别的公司的秘书招聘启事，发现各种招聘启事对秘书的应聘要求都很具体，既有知识技能方面的条件，也有思想品质方面的要求。于是她开始修改自己撰写的招聘启事。

任务提出

为什么总经理对温暖撰写的招聘启事不满意？在撰写秘书招聘启事时应该如何按照不同岗位细化应聘要求？

任务分析

由于秘书岗位的特殊性及秘书工作的复杂性，办公室在招聘秘书时必须考虑秘书的综合素质，包括政治思想修养、知识结构、心理素养等方面。现代化企业管理对秘书人员的要求越来越高，秘书工作必须适应新的形势，秘书人员也必须具备较高的职业素养，才能做好秘书工作，更好地为企业服务。

温暖撰写的招聘启事过于简单了。秘书招聘启事需要从政治思想修养、知识结构和心理素养等方面提出具体的要求。秘书要爱岗敬业、忠于职守、遵纪守法、诚实守信；要具备扎实的基础知识与丰富的专业知识，并广泛涉猎各行各业的知识，博学多才、见多识广；要有较强的心理承受能力，善于克服不良心理因素的影响。这些都是适应时代发展、社会需要的必备条件，需要在招聘启事中与工作要求和岗位职责相结合，明确地体现出来。

另外，职业化和专业化是人力资源改革的方向，在秘书招聘启事中，办公室需要划分明确的岗位职责，编写清晰、规范的岗位说明书，明确职责权限，对秘书工作的性质、特征，以及担任此类工作应具备的资格条件等做出详尽的说明和规定。

必备知识

秘书人员是秘书工作的主体，能否做好秘书工作，在很大程度上取决于秘书人员职业素养的高低。秘书人员的职业素养是秘书工作的性质、任务和特点所要求的，是指秘书人员在政治、思想、作风、道德、品质、知识、能力、心理等方面所应具备的综合素质。它是在长期的学习和工作实践以及生活磨炼中逐步形成的。

微课：秘书职业思维与专业体现

一、秘书人员的政治思想修养

提高政治思想修养，对于秘书人员来说是十分重要的。我国是社会主义国家，秘书工作归根结底是为人民服务，是为把我国建设成为富强、民主、文明、和谐、美丽的社会主义现代化强国而服务，所以秘书人员必须具有坚定、正确的政治立场和高度的党性修养。为此，秘书人员要加强对党的指导思想的学习，加深对国情的认识，及时、准确地领会党中央的意图。同时，秘书人员还要坚决执行党和国家的路线、方针、政策，坚定正确的政治立场，与党保持政治上的一致。

此外，秘书人员还应注意加强自身的修养，做到克己奉公、襟怀坦白、爱岗敬业、廉洁自律、尊重领导、团结同志、遵纪守法、乐于奉献。

二、秘书人员的知识结构

秘书工作综合性强、接触面广，这就要求秘书人员具备广博的知识与合理的知识结构。一个人的知识结构就是其知识层次的构成情况。秘书人员在建立知识结构时要根据秘书工作的性质和需要，选择与秘书工作关系密切的知识作为核心，再选择相关联的知识作为外围、边缘知识层，形成一个宝塔形结构。这样就可以在学习中合理分配力量，不易造成精力的浪费。同时，这个知识体系也需要不断地进行调整、更新、充实，以适应环境的变化和发展。

不同单位的秘书工作内容不同，对秘书人员的知识结构要求也不尽相同。一般来说，秘书人员的知识结构可分为基础知识、专业知识和相关知识三个层次。

（一）基础知识

基础知识的内容可分为两个方面：

（1）社会科学知识，即语言、哲学、政治、经济、历史等学科知识。

（2）自然科学知识，即数学、物理、化学、生物等学科知识。

这些基础知识是秘书人员不可缺少的，它们是宝塔形知识结构的底座，整座“宝塔”要牢固就必须有一个坚实的底座。只有基础知识牢固，才有利于进一步学习其他方面的知识，也才能使秘书人员更准确地理解党的政策，领会领导意图，提高办事能力。

（二）专业知识

专业知识是秘书人员知识结构的核心，也是秘书人员知识结构区别于其他人才知识结构的标志。专业知识的内容包括两个方面：

（1）与秘书工作有直接关系的秘书学、文书学、档案管理学、应用写作学、信访学、会议组织学、领导学等学科知识。

（2）秘书人员所在行业的专业知识。也就是说，秘书人员在哪一行业工作，就应掌握哪一行业的专业知识。如在政府机关工作，就要掌握行政管理知识；在医药部门工作，就要掌握医药卫生知识；在农业部门工作，就要掌握农业科学知识；等等。

（三）相关知识

这部分知识是独立于专业知识，但是又与秘书工作有着密切联系的知识。它们主要包括：系统论、信息论、控制论等系统理论知识；管理心理学、领导心理学、秘书心理学、人际关系心理学等心理学知识；公共关系学、行为学、社交礼仪等公关知识；管理学、预测学、决策学等软科学知识；市场学、物价学、经济管理学、股票、证券等经济学知识；法学、新闻学、情报学、计算机应用等相关学科知识。

三、秘书人员的心理素养

秘书人员由于工作岗位的特殊性，不仅人际关系较复杂，在工作中遇到的矛盾和困难也较多。如果秘书人员没有较强的心理承受能力，就难以应对工作中出现的各种情况，进而容易产生心理上的不适应。所以，提高秘书人员的心理素养具有十分重要的现实意义。

秘书人员良好的心理素养包括健康的情感、坚强的意志、健全的性格、不惧挫折的信心、较强的环境适应性等。秘书人员要善于对心理活动进行自我调节和控制，保持心理平衡，增强信心，以坚强的意志和毅力克服困难，做好秘书工作。尤其是要注意克服不良心理因素的影响，一些不良心理因素对心理健康的影响非常大，如自卑、自大、多疑、嫉妒等容易导致心理挫折和人际关系紧张。只有消除、克服了这些不良心理因素的影响，才能在处理人际关系时掌握正确的原则和方法，形成正确、适度的行为反应，避免出现人际关系紧张的状况。同时，要学会调节心理压力，培养健康的情绪、情感，保持心情愉快，树立积极乐观的生活态度，遇事能容、能忍，能泰然处之。

如何提高秘书的工作悟性

实战训练

总经理秘书面试

1. 课堂讨论

（1）秘书人员需要具备哪些知识？

（2）秘书人员为什么需要具备良好的心理素养？

2. 分析案例，解决问题

3. 实务训练

结合“任务导入”中的情景，编写一份秘书岗位说明书。

实训目的：

通过实训，总结秘书人员的岗位职责和所需的职业素养。

实训说明：

阶段	实训任务	要求
分组讨论	1. 本部分实训在授课后进行 2. 把全班同学分成若干小组，小组内讨论秘书需要按照岗位要求去完成的工作内容、应当承担的责任范围以及所需的职业素养 3. 讨论岗位说明书编写的作用和原则	1. 在查阅资料的基础上，讨论并梳理出不同职级秘书岗位在政治思想修养、知识结构、心理素养等方面的要求 2. 结合对岗位说明书编写的作用和原则的讨论，明确指出岗位工作的压力不是来自他人，而是秘书人员自发、自愿、自觉产生的，并能够转变为主动工作的动力。因此，秘书岗位的目标设定、准备实施、实施后的评估工作等都应由秘书人员承担
分析归纳	1. 梳理分析秘书岗位说明书的内容 2. 结合任务背景，归纳岗位说明书中的岗位基本资料（包括岗位名称、所属部门、直属主管、汇报关系、工资等级、工作性质等） 3. 结合任务背景，归纳秘书所应具备的政治思想修养、知识结构和心理素养	1. 能够进行岗位工作概述，包括工作内容、岗位权限、执行依据等 2. 能够将秘书所应具备的政治思想修养、知识结构和心理素养等与岗位说明书中的岗位职责、工作要求等相结合
反思评价	1. 自我反思是否能说明秘书的岗位职责与职业素养 2. 自我反思是否能参与到小组的讨论中并提出自己的观点	记录实训过程

企业秘书岗位说明书（例表）

4. 课后拓展

中原文化教育有限公司要以竞聘演讲会的形式对通过面试的应聘人员进行一次更全面的了解，要求其以“我心中的秘书”为主题发表竞聘演讲。假设你是其中的一名应聘人员，请拟写一份竞聘演讲稿。

项目二 办公室环境管理

项目概述

办公室环境管理是指对办公室自然环境进行科学合理的设计、布置和组织，使其符合办公室工作的需要，从而提高工作人员的工作效率和质量。它主要是指对秘书个人工作环境、公共区域环境以及领导工作环境的维护和管理。秘书应协助领导做好相关服务性工作，努力营造一个和谐、美观、有序、方便和安全的办公环境。

学习目标

➢ 知识目标

1. 了解办公室布置的原则和具体要求。
2. 明确常用的办公空间设计模式及其优缺点。
3. 掌握办公室环境维护的内容与要求。

➢ 能力目标

1. 能够将办公室布置得舒适、卫生、健康、环保。
2. 能够维护好办公室环境。
3. 能够采取措施排除办公室中的常见隐患。

➢ 素质目标

1. 培养谦虚谨慎、文明礼貌的职业素养。
2. 培养严格要求自己、做事及做人注重细节的意识。
3. 养成严谨、规范的办公室环境管理工作习惯。

任务一　办公室环境布置的技巧

任务导入

中原文化教育有限公司办公室文员温暖今天结束入职培训，来到行政部上班。她先仔细观察了一下自己的办公环境：行政部独占了一间办公室，阳光透过明亮的窗户斜斜射入，靠墙摆放了一排文件柜，柜顶上摆放着水养绿植；员工的座位面对门口，分为两排，每排纵向摆放 4 张办公桌，在挡板上有用中、英文写着员工姓名的名牌；主任的座位位于办公室后部，用玻璃墙幕围出一个大约 20 平方米的空间，玻璃隔断上装着窗帘，拉下来就是一个封闭的办公室；在靠近门口的地方，摆放着一体机、碎纸机、打印机等办公设备，墙角有一棵发财树；墙壁上的空调发出细微的声音，阵阵凉风迎面而来，整个办公室显得清爽、干净。

任务提出

由于办公室秘书林丽即将升职为总经理秘书，因此办公室主任让温暖接替林丽负责办公室环境管理工作，恰好公司准备对办公室环境进行升级改造，温暖将参与办公室平面布局图的设计和设计方案的准备。那么，她需要学习哪些办公室环境布置的技巧呢？针对办公室的布局和室内布置，她可以提出哪些可行性建议呢？

任务分析

新办公场所的平面设计和布局这样重要的任务一般不会单独交给秘书一人来完成，但温暖可以参与其中，利用自己的专业知识和经验主动建言献策，积极协助，这正是办公室秘书做好辅助管理工作、当好参谋助手的职责所在。温暖不妨从以下方面考虑，提出自己的建议。

办公室是一个单位开展经营活动所必需的空间，也是必须购买的一种资源，费用通常是按平方米来计算的。如何在适当面积的空间中获取最大的效益是选择和设计办公室整体结构和布局时必须考虑的，因此要有成本意识。从目前的实际情况来看，办公空间采用大的开放式或半开放式的设计是比较理想的选择，各办公区域用可移动的间隔物分隔开来，所有人的工作情况都清楚可见。

室内布置应按工作流程和职位进行安排，讲究合理有序、错落有致、功能清楚、互不干扰。另外，室内光线、空气、温度及色调、美化等也必须充分考虑。

总之，让每个员工更愉悦，让每项工作更顺利，让每项业务成本更低，这是办公室布局安排和室内布置所追求的效果。

必备知识

一、办公空间的整体布局

（一）办公空间设计和布局需要考虑的主要因素

（1）空间利用的成本。在设计办公空间时，要有节省成本的意识，保证所需费用最少、空间利用率最高。

（2）办公室工作的主要职能。办公室工作职能的不同决定了应该采用什么样的空间设计和布局。例如，讲究独立性、专业性的办公室，应该采用小的、较封闭的办公空间，而注重工作衔接、配合的办公室，就应该采用大的、较开放的办公空间。

（3）办公室工作流程。工作流程是指办公信息流在上下级和各职能部门之间的纵横流动。办公空间设计和布局应确保各部门之间联系及工作流程设计的科学有效，避免不必要的重复与浪费。

（4）机构的建制和员工的人数。部室的大小和员工人数的多少决定了办公空间的大小和设计成本。

（5）办公室随单位组织发展变化而变化，空间布局应具有灵活性。

（二）办公空间设计模式

办公空间设计得合理与否，对工作人员的精神状态及工作效率有着很大的影响。办公空间设计一般有以下两种模式。

1. 封闭式空间设计

这是一种传统的、常规的办公空间设计模式。它是按照办公室工作人员的主要职能设置若干个相对独立的、分隔式的办公室，适合专业性、机要性强的办公室工作。

2. 开放式空间设计

这是指若干工作人员同在一间办公室内工作，根据办公室工作流程将各个工作单元组合在一起。它没有固定的独立空间，工作区的位置是根据需要，利用可移动物体（如屏风、隔板等）随机确定的，每个工作单元内有独立的办公设备。

封闭式和开放式办公空间的优缺点

二、合理布置办公室

（一）办公室布置的三大原则

办公室布置不是简单的办公家具和设备的摆放、工作人员位置的安排，除了考虑办公家具和设备的共享性、工作人员行动的方便性以外，还要充分考虑工作人员办公的舒适性、工作人员沟通和监督的便利性，以及领导管理的有效性等。办公室布置需要遵循以下三大原则。

1. 有利于沟通

办公室作为一个工作系统，工作人员之间必须保持充分的沟通，这样才能保证信息的及时传递、流转，以及工作各程序的顺畅衔接。同时，彼此之间充分的沟通也能培养工作人员的集体意识，增强工作人员的团队角色感，使其从工作中感受到快乐，从而提高工作效率。

2. 便于监督

办公室的布置要有利于工作人员的自我监督和内部监督。工作人员之间通过相互督促检查、相互提醒，纠正个人的缺点，学习他人的优点，可以把工作中的失误降到最低。

3. 协调、舒适

协调，是指办公室的布置和工作人员配合得当，能够体现部门工作的特点。舒适，是指办公室布置合理，工作人员在工作时身体各部分没有不适感或者不适感降到最低。协调是舒适的前提，办公室只有布置协调，才会使人感到舒适。

微课：办公室空间布局的原则

舒适包括物质环境的舒适和工作要求的舒适。物质环境的舒适主要是指办公室的设计和装修与工作人员相协调，如办公设备的空间分布、办公室墙壁的颜色、办公室的光线、办公室的装饰等与工作人员的心理、工作特点和工作性质相协调。工作要求的舒适是指工作安排与分工的协调以及工作人员之间的协调，其中后者包括上下级之间工作的协调、工作人员个体之间关系的协调。

（二）办公室布置的具体要求

1. 方便实用

（1）办公桌应该按照直线对称原则排列，工作流程以最接近直线为佳，避免倒退、交叉与不必要的文书移动。工作位置要以事就人，不以人就事。

办公室布置工作程序

（2）主管座位应位于员工座位的后方，便于主管观察办公室里发生的事情。

（3）领导应有专门的办公室，以便集中精力处理重要事务。若有必要，可以为领导设置玻璃隔间，也可以利用帘幕形成领导的私人空间，避免领导在接洽工作、接待客户、与个别工作人员进行沟通时对其他工作人员的工作造成干扰。

（4）领导秘书的位置要在领导办公室门外一侧，起守护、挡驾作用。

（5）文件资料柜、常用设备置于使用者附近。

（6）沙发、饮水机、报架等要求方便来宾使用。

（7）装设充足的电源插座，以供办公设备使用。

（8）办公室一侧或中间留出通道，并保持畅通。

2. 整齐有序

（1）办公桌椅和柜架的样式、规格和颜色应保持一致，采用直线对称形式排列。

（2）中央区域为业务处理区，所有座位应统一朝向大门，或分成若干排相向而坐。在空间条件允许的情况下，同室工作人员最好面朝同一个方向办公，以避免面面相对造成的相互干扰。

（3）工作人员彼此间可用 1m 左右高度的屏风分隔开。之所以采用屏风进行分隔，是因为其易于架设，且能随意重排。

（4）在开放式办公室内，每个办公桌上都应放置统一制作的印有员工姓名、职务的名牌。

（5）办公桌上只放置常用的办公用品，左摆电话，右摆计算机，文件柜放置于桌面下，公用设备摆放在四周。

3. 安静舒适

（1）接待处应设在近门的地方，会客室或见客区单独设置在接待处旁边或大门旁边。

（2）共享的办公设备应放置在与使用者的距离大致相当的地方。一些有放射性或者粉尘性污染的办公设备，最好放置在离工作位置较远、靠近门口或者窗口处，必要的时候可以在其旁边放置绿色植物，以保障工作人员的健康。

（3）办公座椅最好选用带扶手、有轮子和低靠背的旋转椅。

4. 健康卫生

（1）光照最好采用自然光，当自然光不足的时候可以采用人造光源进行照明。如果光线过强，则应采用窗帘等装饰物隔断强光，以保护工作人员的视力健康。

（2）室内空调送风口避免直接对着人体，室温不低于16℃。

（3）地面天天打扫，桌椅柜橱每日擦拭，门窗定期擦洗，以保持洁净和卫生。

5. 安全保密

（1）办公室门内可设置屏风或隔墙遮挡，利于安全和保密。

（2）单位财务部应与领导办公室相邻，采用封闭式设计。

（3）电话、计算机等各类电器的电线不要裸露在办公室通道上，应置于角落或包在暗管之中。

（4）电器、电线应定期检查，以防火灾。

（5）办公场所应配置消防设施，太平门及太平梯、安全门不可缺少，消防标志要明确。

（6）工作人员的计算机屏幕不要面对办公室大门，工作位置应设置隔间，利于保密。

（7）办公室内应张贴保密等相关制度提示，重要部门入口处应有警示标志。

6. 美观和谐

（1）办公室的布置应优雅、整洁、安全，可以用铁树、发财树、开运竹、大叶蒲葵等绿色植物美化空间。

（2）挂置窗帘和百叶窗，能美化室内环境。

（3）办公室的装饰色调应单纯柔和，以米白色为主，利于光线反射和装饰。

办公室的绿化装饰

（4）领导办公室和会客室可适当悬挂或放置一些油画、照片、书法作品或工艺品等。

实战训练

办公室空间概念新主张

1. 课堂讨论

（1）办公空间的设计和布局需要考虑哪些主要因素？

（2）开放式和封闭式办公空间设计各有何优缺点？

（3）办公室布置的具体内容和要求是什么？

2. 分析案例，解决问题

3. 实务训练

借助 Visio 软件，完成“任务提出”中公司新办公室平面布局图的设计，并简要说明设计理由和依据。

实训目的：

通过实训，思考如何根据办公室布置的原则和要求对办公空间进行合理的布局，并学习设计和制作平面图。

实训说明：

阶段	实训任务	要求
分组讨论	1. 本部分实训既可在课堂上进行，也可在授课后集中进行 2. 把全班同学分成若干小组，每组推选一名主设计人，组织小组成员讨论如何对办公空间进行合理布局 3. 提出有效建议，并列表说明	学生全员参与，教师随机指导讨论，10 分钟
实战演练	在各组充分酝酿、练习的基础上，使用 Visio 软件完成新办公室平面布局图设计和制作任务	35 分钟
成果展示	各小组完成任务后由主设计人向全班同学展示并简要说明设计理由和依据	每组 5～8 分钟
总结评价	1. 教师组织学生共同评议，找出各组在设计上的优点和不足，以期以点带面、触类旁通 2. 教师总结	15 分钟

办公室布置实训评分表

4. 课后拓展

开展“我身边的办公室”参观活动，组织学生到本校各类办公室参观，了解办公室环境及办公室平面管理的相关内容，直观感受办公室空间布局和室内布置的特色。

任务二　办公室环境的维护

任务导入

林丽是新上任的总经理秘书，今天她特意提早来到办公室。总经理的办公室在最里间，林丽的办公室就在总经理办公室的外面，两屋间有一扇门相通。其他部门呈半环形分布在对面。总经理办公室窗台上摆着各式盆景和鲜花，右边地面上摆着高大的灌木盆栽。总经理宽大的办公桌上摆着电脑、电话和一些文件夹，一面墙边摆着两个书柜，另一面墙边呈环形，摆有沙发。林丽的办公桌上也有一台电脑，还有传真机、三部电话、一些文件夹和散开的文件，横七竖八的，记录用纸上有一些墨水污渍，另有笔筒、订书机、拆钉器之类的文具散落在一边。桌前有为客人准备的椅子和沙发。桌子后面靠墙摆着立柜，里面分格分层放着各类文件和书籍，但有些凌乱，旁边小矮柜上放着饮水机。小柜里放着一些纸杯和咖啡、方糖等饮料与食品。

资料来源：徐飚．秘书实务［M］. 北京：高等教育出版社，2023：2.

任务提出

总经理让林丽先把办公室整理一下，她应该如何对办公室进行整理呢？

任务分析

办公室环境质量会对单位的形象和绩效产生很大的影响。良好的工作环境有利于单位对外形象的塑造，而整齐、有序的私人办公区能很好地提高秘书的工作效率。因此，创造和保持良好的工作环境是秘书的职责。林丽应时刻保持办公室的整洁、卫生、安全，在接待领导或客人时，事先做好充分的准备，从物质保障到精神满足都要考虑周全。和谐、美观、整洁、舒适和安静的工作场所，必然有助于办公室日常工作的完成，也有利于秘书的身心健康。

必备知识

一、办公室环境维护的内容

微课：如何营造整洁有序的办公室环境

（一）光线

要尽量采用自然光来照明，光线不能太强，必要时可以用百叶窗或窗帘来调节采光。如果自然光不足，可采用灯具来补光。

（二）声音

办公室内可安装吸音、静音装置，以减少噪声。办公室的理想声强为 20～30dB，在这个声音强度范围内工作，人们会感到轻松愉快，不易疲劳。办公室应尽可能远离噪声源，或在办公室和噪声源之间设置绿化带。天花板及墙壁应采用吸音、隔音建筑材料，临街窗户应安装双层玻璃。

（三）空气

空气环境包括空气的温度、湿度、清洁和流通四个要素。一般来说，办公室的温度最好保持在20℃～25℃，相对湿度在40%～60%。同时，要注意经常打开窗户让新鲜空气进入，保证办公室内的空气清新、无异味。

（四）色彩

办公室内颜色使用要适当，除警戒色外，基本色彩要在四种以下，并且饱和度要低，减轻对眼睛的刺激，给人以平静感。地面覆盖物的颜色应与墙壁、天花板的颜色协调一致，以保证办公环境的统一、和谐。

（五）节能

节能型办公室最根本的标准就是工作人员养成良好的节能习惯。如尽量减少传真纸、打印纸的用量，多采用双面打印；多用电子邮件传阅文件资料；使用可替换内芯的文具；尽量使用自然光源；节约用水，注意随手关闭水龙头；下班后及时关闭电源等。

（六）环保

办公室在节约能源、纸张的同时，应多使用可循环、环保型办公用品，尽量减少胶水、透明胶、订书机等的使用；集中收集废纸及废旧物品，提供给物资回收部门进行处理；禁止在办公室内吸烟。

总之，保持工作环境整洁，办公室内空气清新、没有噪声污染，是秘书应尽的义务和责任。

二、办公室环境维护的要求

（一）个人工作环境的维护

1. 个人工作环境整洁

个人工作环境是指秘书自己的办公室、办公间以及直接用于个人办公的设备和用品，它是秘书的门面。对于个人工作环境，应保持台面、地面、办公设备、家具、门窗以及墙壁等处的清洁；电话按键和听筒、计算机键盘和主机箱的表面要经常擦拭；来访者用过的茶具应及时清洗干净，并重新摆好，用过的一次性口杯应及时清理。

2. 个人工作环境物品摆放有序

个人工作环境的物品摆放要有序。秘书要保持办公桌面的整齐、美观，桌面上放置的物品一定要少，一些必需的物品要遵循相应的要求摆放。

（1）电话。

专用的电话应放在左手边方便拿到的位置，右手记录留言。如把电话放在右边，使用会极其不方便。

（2）计算机。

不要用文件材料盖住键盘，也不要在计算机屏幕周围贴满小纸贴，这样不但会影响个人形象，还会影响公司的整体形象。

（3）参考书。

由于经常需要查找相关资料，所以秘书的参考书一般会比其他员工多。较多的参考书会占用办公桌上较大的空间，因此应该把常用的参考书放在桌面上或容易存取的抽屉中，而将不常用的书籍放到书柜里。

（4）文具用品盒。

将钢笔、铅笔、胶水、直尺等常用的文具一起放入伸手可及的文具用品盒内。

（5）文件夹。

常用文件夹应整齐地叠放在桌边或竖直放在文件架上，并贴上标识予以区分，取用有序，保密的文件和不常用的文件应归类后存放在文件柜里，无用文件可销毁。报纸、杂志、资料、文件等要及时整理，摆放到文件柜等固定位置。

（6）办公桌抽屉。

自用的办公文具、用品、零散物件应有序地放在抽屉里，按照使用频率及使用习惯安排；对于一些有黏性的物品，如胶水、胶带或其他胶质材料等，要连同放置它们的盒子或外包装一起有序存放，否则很容易将抽屉中的其他物品粘在一起。如果办公桌备有一个带锁的抽屉，可以用来存放有保密需要的物品和文件；其余不带锁的，则可以用来存放信笺、复写纸，并适当堆叠这些纸张，以便取用。

要注意，办公桌上不应出现以下情况：（1）摆满文件，包括待办的、正在处理的，以及没来得及归档的、没用的；（2）摆满零零碎碎的小玩偶、毛绒玩具等；（3）把办公桌当成私人领地，放置茶叶盒、零食、镜子等。永远要记住，办公桌是用来办公事的。

（二）公共区域环境的维护

1. 公共区域环境整洁

保持公共区域环境的整洁是秘书的一项重要工作内容。要保持会客室和会议室的清洁，在访客离开及会议结束后要及时进行打扫和清理，物品用后要及时放归原处，保持整洁有序；对文件柜、档案柜、书架、物品柜等公用设施要注意经常清理；打印机、复印机等设备表面可以用湿抹布擦拭，但应避免让水进入机器内；复印机、扫描仪的玻璃面板要使用精细的棉纱或专用的镜头纸擦拭；电话的按键和听筒要经常进行消毒；废纸篓和垃圾桶内的垃圾应在每天下班前清理；使用过的拖把应及时清洗并放在较隐蔽但能晒到阳光的地方。

2. 公共区域环境物品摆放有序

公用文件柜应每天擦拭，清除灰尘；要经常整理文件柜中的文件盒和文件夹等物品；柜子的把手要定期消毒；文件柜里的公用文件夹应整齐有序地摆放，取用后要放回原位，方便他人再用。公用办公用品柜的物品也要规范放置，通常重的、大的放下面，轻的、小的放上面，且摆放有序，便于取用，并做到用后归位；一些常用的公用物品如电话号码簿、航班表、火车时刻表、字典等，按办公室要求放在柜子里或书架上，注意用后放回原位，不给他人使用带来不便；接待区为访客阅览准备的宣传用品、资料及报纸、杂志应整齐地摆放或码放，并经常整理，保持良好的对外形象。

健康安全办公室环境的基本要求

（三）领导工作环境的维护

1. 领导工作环境整洁

秘书除了负责个人工作环境和公共区域环境的维护，还要负责领导工作环境的维护。领导工作环境是指领导的办公室以及领导使用的办公设备和用品。秘书要保持领导办公室地面和台面、办公设备和用品以及各种陈设的清洁。每天要定时开窗通风，保持空气的自然清新，并定时测温、测湿，保持舒适的温度和湿度。对于领导办公室的花卉、盆景，要及时浇水、施肥、剪枝，保持其美观和生机。领导在办公室接待客人后，要及时对用过的茶具进行清洗和整理。

2. 领导工作环境物品摆放有序

要经常整理领导的办公室和办公桌，将文件和物品摆放整齐；经领导授权后，定期对领导的文件柜进行整理，将文件归类保存，将无用的文件及时清理或销毁。

实战训练

1. 课堂讨论

（1）办公室环境维护具体包括哪些内容？

（2）秘书对个人工作环境和领导工作环境的维护在做法上有什么区别吗？

2. 分析案例，解决问题

3. 实务训练

对右边二维码案例中的办公室环境进行维护，逐条列出不合理之处并提供解决方案。

杂乱的办公室环境

实训目的：

通过实训，总结如何营造一个整洁有序的办公室环境。

实训说明：

阶段	实训任务	要求
分组讨论	把全班同学分成若干小组，每组推选一名主设计人，组织小组成员讨论一个整洁有序的办公室环境包括哪些要素、应该如何营造	学生全员参与，教师随机指导讨论，15 分钟
实战演练	按照桌面、文件柜、设备、办公室安全等逐条提出合理建议	15 分钟
成果展示	各小组完成任务后，选出一名代表向全班同学简要说明本组的整理重点及依据	每组 3～5 分钟
总结评价	1. 教师组织学生共同评议，找出各组在办公室环境维护上的优点和不足，以期以点带面、触类旁通 2. 教师总结	10 分钟

4. 课后拓展

学校后勤处开展“办公室环境安全大检查”参观活动，组织学生到本校各类办公室参观，检查办公室的采光、温度、通风、通道、桌椅、柜架和各种办公设备，填写安全隐患记录及处理表。

安全隐患记录及处理表

项目三 办公室时间管理

项目概述

秘书负责办公室的大小事务，工作往往千头万绪、多而杂乱，如果没有清晰的思路，很容易使自己和领导的工作陷入混乱的局面。因此，办公室秘书进行科学的时间管理十分必要，通过灵活运用时间管理方法和编制工作日志等方式，不但可以更加合理地安排每日或每个阶段的工作任务，还有助于保证各项工作任务有条不紊地推进，让领导把更多的精力集中到决策上，从而提高工作效率。

学习目标

➢ 知识目标

1. 了解时间管理的内涵和作用。
2. 掌握工作日志的编制依据及内容。

➢ 能力目标

1. 能够熟练运用时间管理的各种方法。
2. 能够独立编制工作日志。
3. 能够根据情况变化及时修改工作日志。

➢ 素质目标

1. 培养时间管理意识，提高学习和工作效率。
2. 养成编制工作日志的习惯，能够合理安排工作任务，提升有序处理办公室繁杂事务的能力。

任务一 时间管理

任务导入

温暖现在的职位是办公室文员，主要负责辅助领导和办公室秘书的事务性工作。作为职场新人，她每天都会在公司规定的上班时间 8：30 前到达办公室，对办公室和工位进行简单的打扫，然后一边整理每日信息简报，一边等待新的工作任务。

两周后公司就要对温暖进行入职后的第一次考核，今天温暖依旧早早地来到办公室，她打算抽空对入职后学习的内容进行整理，再制订一份两周的学习计划，为考核做好充分的准备。正在打扫卫生时，温暖的电话突然响了，是办公室秘书陈文打来的。陈文在电话中着急地说："温暖，你是不是已经到办公室了？今天永华公司的陈总要来签约，原本定的时间是 15：00，但是刚刚打电话来说签约临时提前到了 9：30，而且出席人员和会议流程有所变动，我现在在去给另一家公司送材料的路上，回到公司再重新准备就来不及了，现在我把出席人员的名字和需要更换的材料发给你，你务必在 9：10 前把台签和材料准备好，知道了吗？我会尽快赶回去的。"说完她就挂了电话，温暖连忙查看手机信息开始准备。这时候，温暖的电话又响了，这次是办公室张主任打来的，告诉她总经理计划下午去××公司考察，而原本负责协调的王丹出差了，让温暖提前联系对方单位进行对接，做好车辆安排，并届时一同前往。连着两个电话让温暖瞬间陷入了慌乱，从没做过台签的她不知道该如何着手，两项看似已经交代得很清楚的工作却仍然有很多细节需要考虑和确认。于是，温暖调整呼吸，平复了一下心情，急忙投入工作中去了。

任务提出

根据温暖的实际情况和工作任务，详细地列出今天温暖需要做的所有工作，并说一说她该如何进行时间管理，才能妥善地安排并完成这些工作。

任务分析

对办公室文员来说，除了完成本职工作之外，协助领导或者同事处理一些事务是很常见的工作，这些工作很考验职场新人的应变能力，能够帮助他们快速成长。温暖接到的两项工作都不难，涉及办公室秘书的两个工作板块：会务工作和对外事务。为了合理安排各项工作并防止有所遗漏，温暖在进行工作安排时需要考虑以下几点：

第一，都需要做哪些工作：将它们全部罗列出来，综合考虑才不容易遗漏。

第二，先做哪些工作：考虑工作的优先级是办公室时间管理非常重要的内容。比如陈文安排的会务工作时间仅剩 1 个小时，因此对于温暖来说，此时会议筹备工作一定是首先着手和完成的。而原本打算的制订个人学习计划等则可以先暂时延后，等下午的外事工作结束后再行安排。

办公室的工作琐碎而杂乱，学会科学地进行时间管理，不但能够让各项工作有条不紊地推进，还能在提高自律性的同时找到令自己舒适的工作节奏，从而有计划地完成阶段目标，实现素养和技能的稳步提升。

必备知识

在生活和工作中，我们做任何事情都需要花费时间和精力。对于办公室秘书来说，不但要在一定期限内按要求完成工作，还要合理地安排工作的先后顺序。那么，如何才能提高工作效率呢？这就需要秘书人员学习时间管理，科学有效地分配时间。

一、时间管理的内涵

时间管理是指在时间消耗不变的情况下，为提高时间利用率和有效性而进行的一系列活动，它要求对时间进行有效的计划和分配，以保证重要工作的顺利完成，并能及时处理突发事件或紧急变化。

在快节奏的工作环境中，秘书需要快速、合理地安排多而杂的事务，并有序推进，在这个过程中科学的时间管理发挥着关键作用。几乎每个秘书都会用自己的方式对所要处理的工作进行详细记录和罗列，然后按工作的轻、重、缓、急进行排序，无论使用什么样的时间管理方式，这都是首要前提。

二、时间管理的作用

（一）提高工作效率

在时间管理的思路下，秘书可以根据相似性、优先性等原则对工作进行科学排序或者合并处理，从而提高工作效率。比如采购和外送文件都属于外出工作，就可以放在一起一次完成，从而适当节约时间。

（二）掌控工作进度

通过工作计划表、工作日志等工具，可以大大提高工作的计划性、条理性，根据工作进度合理调整工作节奏，也可以最大限度地避免临时事件和状况造成的工作混乱。

（三）持续提供动力

时间管理不但可以让现有的工作变得有条理，帮助我们保质保量按时完成各项工作，还能让我们通过调整策略、提高效率、合理利用碎片化时间等方式将一天的时间更加充分地利用起来，将这些仿佛“多出来”的时间用于身心放松、自我总结和提升，从而为日常工作和职业发展持续提供动力。

三、时间管理的原则

（一）设定优先顺序

秘书在开启一天的工作之前，应该按照轻、重、缓、急的标准对工作进行分类和排序，从最为紧急和重要的任务开始，尽量用最少的时间获得最大的价值。尤其是秘书还需要辅助领导进行决策，在为领导安排工作时，确定工作的优先级则更加重要。比如有文件需要签字时，就要充分考虑领导临时出差的可能性；下周有需要出席的会议和活动，则不能当天才临时告知领导。那么，怎么确定工作的优先级才更合适呢？我们一般遵循以下三个原则：第一是紧迫性，比如临近截止时间，或者当天就需要决策的事情一定要优先安排；第二是重要性，如相较于日常办公用品采购，与客户的洽谈会议肯定更加重要，应当优先安排和筹备；第三是确定性，秘书可以首先梳理手边的工作，看看哪些是可以自主决策或者已经通过审批流程但还未执行的工作，这些工作的处理方式和目标均已明确，可以优先处理，然后再将时间留给那些不确定或高难度的工作，这样不但可以更加专心地投入其中，也有充分的时间来整理工作思路。

（二）统筹安排工作

秘书就像一个大管家，在千头万绪的事务中保持清晰的头脑统筹安排，是保证各项工作稳步推进的前提。尤其是秘书在做自己和领导的周工作计划或者月工作计划时，良好的统筹安排不但可以让工作事半功倍，还能让领导大大减少不必要的时间浪费。比如对下一阶段的工作未雨绸缪，提前关注并收集资料，或在领导的出差行程中合理安排拜访距离较近的客户，都是统筹安排的体现。

（三）学会拒绝干扰

这个问题职场新人尤其需要注意。本着多听、多看、多做的原则，强行“揽活”或者勉强“接活”或许可以在一定程度上体现新人的积极性，但是若业务不熟练或者技能欠缺，不但完不成工作，浪费团队时间，还可能会被领导质疑工作能力。因此，秘书在工作时要量力而行、适当拒绝。当他人委托或求助自己办理某项工作或者事情时，要先根据自己的实际情况进行分析，考虑自己有没有时间、能不能胜任，如果没有时间或不能胜任，就要用合适的方式拒绝，这样才可以提高时间利用效率，专注于正在进行中的工作。

（四）今日事今日毕

遇到困难或复杂的工作，很多人会本能地选择“先放一放”或“等等再处理”，但是要知道，拖延并不能让工作变得更容易，反而可能会因为越来越临近截止时间而造成更大的心理压力和焦虑。因此，无论是在生活中还是在工作中，我们都应该养成制订计划并保证按时间节点实施的习惯，以速战速决、迎难而上的态度克服拖延的困扰。

四、时间管理的方法

微课：时间管理理论

（一）时间管理“四象限法”

时间管理“四象限法”是美国管理学家科维（S. R. Covey）提出的一种时间管理理论。该理论主张把所有的工作按照“重要”和“紧急”程度进行划分，对应图 3－1 所示的四个象限。

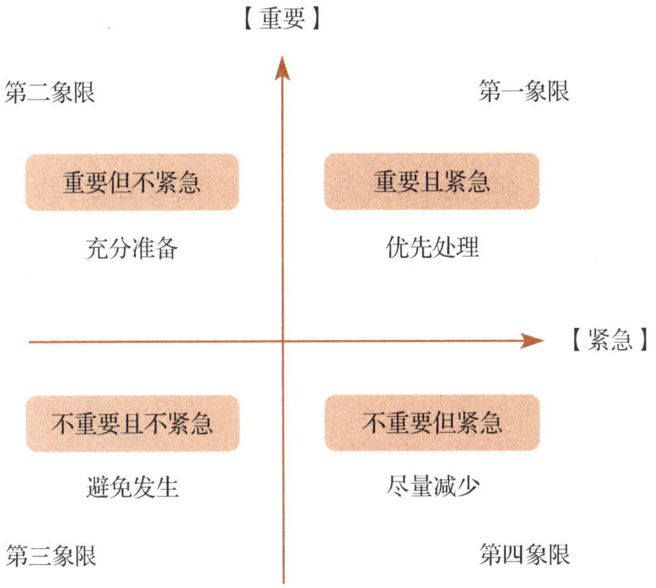

图 3－1　时间管理“四象限法”

第一象限：重要且紧急的工作。

这个象限中的工作都应优先处理，因为它们不但非常重要，而且十分紧急，不允许我们拖延或者懈怠，所以它们应该被排在所有工作的首位。

第二象限：重要但不紧急的工作。

这个象限中的工作同样很重要，只是相比第一象限的工作，它们的紧急程度没有那么高，或者距离截止日期还有时间，因此可以通过查阅资料、进行调研等方法，更加充分地准备并完成这些工作。

第三象限：不重要且不紧急的工作。

这个象限中往往都是一些不重要、不紧急却在不知不觉中占据了大量时间的琐事。比如与同事闲聊、刷短视频、逛网购平台等，这些时间看似碎片化，但却很容易让人停不下来，稍不自律就可能耽误正事，浪费时间。在时间管理中，第三象限的工作也是最需要我们合理规划和严格执行的，把时间和精力投入更有价值的工作当中，可以帮助我们更快地提升和进步。

第四象限：不重要但紧急的工作。

这个象限中主要是一些虽然紧急或需要立即处理，但是对公司或自身的重要性并不是很高，或者并不是很有价值的工作。这些工作一般有时间限制，尽管不太重要，但一旦接受，一般来说当下就要去做，很占用时间。比如接听朋友的叙旧电话、与同事一起吃饭或聚餐、为领导或同事跑腿等。因此在时间管理中，应该尽量减少这个象限的工作，从而提高时间利用效率。

（二）随时记录备忘录

办公室工作本身就是极其烦琐的，不能做了这件事而忘了那件事，这种错误在办公室工作中是绝对不可以发生的，所以，最好的办法就是把该做的事情记录下来，然后对每件事情都做好标识，分为已完成、未完成、待完成三类，对于未完成和待完成的事情，备注好应该注意的事项、完成的最迟时间或者需要做的准备工作等。这样无论是什么时候，都可以清楚地知道自己还有多少未完成的工作需要去做，并按完成的最后期限来确定事情的轻重缓急，做到心中有数。

“好记性不如烂笔头”，对秘书来说尤其如此。秘书除了日常工作之外，还会有很多临时性的事务，比如领导突然布置的工作和随口的叮嘱、突然打来的客户电话、临时变更的约定事项等。因此，秘书一定要养成随时记录备忘录的习惯，这样才可以及时、准确地记录有效信息，并对工作内容和进度进行清晰的把控，避免信息遗漏造成的失误或返工，从而节约时间成本。

（三）GTD 理论

GTD（Getting Things Done）理论是美国时间管理专家戴维 · 艾伦（David Allen）提出的一种时间管理理论。他将时间管理过程分成收集、整理、组织、回顾与行动五个步骤，强调在行动中修正计划和执行计划，具体步骤如下：

第一，收集。就是将工作中所有的未尽事宜罗列出来，做成电子或纸质的备忘录，然后清空大脑，专注于当前的工作任务。

第二，整理。对罗列出来的工作任务进行分类和管理，建立一套严格的流程和标准。对每一项任务，要决定是否立即执行、是否委托他人完成、延期还是存档。

麦肯锡的“30 秒电梯法则”

第三，组织。主要包括对参考资料的组织与对下一步行动的安排。

第四，回顾。定期检查进度，评估哪些任务已完成、哪些尚未开始，以便及时对工作计划进行调整。

第五，行动。根据任务的可行性、紧迫性与重要性，选择最优方案并坚决执行。

实战训练

1. 课堂讨论

（1）时间管理有什么作用？

（2）秘书在进行时间管理时要遵循哪些原则？

（3）请谈谈时间管理“四象限法”的操作过程。

2. 分析案例，解决问题

3. 实务训练

“挤时间”实验

请根据“任务导入”中温暖当天的工作任务，编写一个时间计划表，并说明你的编写依据。

实训目的：

通过实训，思考作为职场新人该如何通过时间管理将各项工作更加合理、高效地完成。

实训说明：

阶段	实训任务	要求
分组讨论	1. 本部分实训需在课下完成。把全班同学分成若干小组，小组内讨论案例中各项工作的紧急程度、重要程度，在充分进行综合考虑后，编写一个时间计划表 2. 在时间计划表后，需说明编写依据	学生全员参与，教师指导讨论，15 分钟
成果展示	各组在充分酝酿、练习的基础上，选派代表依次上台用 PPT 展示各自的时间计划表，并阐述时间计划表的编写依据	每组 5 分钟
总结评价	1. 同学们自主发言，点评各组时间计划表的优点和不足，同时进行知识回顾 2. 教师总结	10 分钟

4. 课后拓展

根据所学知识，找到一种适合自己的时间管理方法，并应用到生活和学习当中。

任务二 编制工作日志

任务导入

办公室文员温暖平时习惯用便利贴的方式随手记录领导布置的工作或者接听电话的内容，并且贴在显眼的位置以免自己遗漏。但是，随着温暖越来越熟悉公司的各项业务，领导和同事对她的工作能力、综合素质有了一定的考量，开始将一些更有挑战性的工作分配给她。面对突然增多的工作任务，温暖觉得使用便利贴的方式已经无法满足实际需求，面对相近时间内接到的多项任务，她感到迷茫，不知道该从何做起。于是，她主动找到了公司主要负责办事、协调的资深秘书王丹，请教关于工作协调安排的技巧。

王丹告诉她："便利贴只能记录一些临时性的工作，比如紧急的电话，快速记下关键词可以帮助我们记录事情的时间、地点、关键内容等信息。但是，作为办公室秘书，每天要处理的事务和工作是很繁杂的，这就需要我们有意识地对各个渠道的信息和工作安排进行进一步的整理，编制工作日志，将一天内需要处理的所有工作按照时间顺序和重要程度罗列出来，这样就可以忙中有序地逐项处理，也不会感到无从下手了。"

任务提出

经过王丹的指导，温暖决定从今天起养成编制工作日志的习惯。那么在工作日志上，她都需要填写哪些内容呢？

任务分析

编制工作日志，是办公室秘书进行时间管理的一项重要工作。作为秘书，不但要编制自己的工作日志，很多时候还需要编制领导的工作日志。清晰、合理的工作日志不但可以提高秘书自身的工作效率，做到各项工作有条不紊、有序推进，而且可以协助领导做好时间规划，在减少时间浪费的同时，还能防止因遗忘而延误工作的情况发生。

因此，秘书需要熟练掌握编制工作日志的技能，了解工作日志的编制依据，掌握工作日志应该包含的内容和填写方法，然后根据编制工作日志的步骤，编制个人和领导的工作日志。

必备知识

秘书各项工作的有条不紊开展，离不开工作时间表的及时整理和记录。办公室秘书应当养成编制工作时间表的习惯，对进行中的、将要做的各项工作按照时间节点和完成进度进行记录，这样不但可以随时清晰地看到已完成和未完成的工作，及时调整工作节奏，而且便于事后查阅，作为参考资料进行留存。在各种工作时间表中，工作日志是秘书最常用的一种。

一、工作时间表的类型

（一）工作日志

工作日志是对将要做的工作的一种系统梳理，可以通过纸笔记录，也可以通过 OA 系统（办公自动化系统）或者其他办公软件整理。工作日志是秘书确保工作预见性、针对性、完整性的一种重要手段，它不但可以清晰地展示工作任务清单，还可以帮助秘书及时调整工作节奏。

在制定工作日志时，秘书需要对当天的、短期的和长期的工作都进行充分的考虑，并且为临时性事务预留时间。除了制定自己的工作日志之外，秘书还需要根据公司计划和工作任务整理领导的工作日志，合理安排领导的日常工作。只有这样，秘书才能更好地发挥辅助决策、及时提醒、催办跟进等职能作用。

秘书的工作日志可参考表 3-1。

表 3-1　秘书工作日志

记录人：　　　　年　月　日

时间	工作内容	备注	完成情况

（二）工作计划表

1. 周计划表

一般而言，周计划表是制定工作日志的前提和依据，在一周的工作开始之前，秘书需要根据公司工作会议整理会议内容，并及时将重要工作填入周计划表中，从而清楚自己和领导每一天需要进行或完成的大致工作。因为周计划表涉及的大多是时限较短的工作，所以它的执行性很强，一旦制定出来并经领导审批通过，就要严格遵照执行。

2. 月计划表

简言之，月计划表就是每个月的工作安排。相对于工作日志和周计划表来说，它的内容较笼统，一般包括每个月的例行工作、预定的或计划的行程、按时间节点推进的工作项目以及新工作项目的启动等。要注意的是，月计划表一定要在上个月末或者当月月初及时编制好，并且应该将公司年度计划表中的相应内容填入。

3. 年度计划表

年度计划表是公司工作人员一整年工作方向和工作任务推进的重要参照。虽然在实际工作中可能会出现很多变化或临时性事务，但年度计划表往往是根据公司新一年工作会议的重要决策和记录整理而成的，它不仅对公司一整年的例行会议、重要活动、重点工作等事项进行了统筹安排，还能帮助工作人员理解公司当年的主要工作方向。秘书在为领导编制年度计划表时，不仅需要考虑上一年度计划表的推进和完成情况，以及在公司会议上决策的、领导分管的工作任务，还要主动与领导沟通，了解领导对重要项目的大致部署和想法，以便在掌握时间节点的情况下，更加合理地统筹安排。

二、工作日志的编制

（一）编制工作日志的依据

在编制工作日志的过程中，秘书不但需要周全细致地考量各项事务，还需要进行统筹协调，在遵循预见性、合理性和指导性原则的前提下，结合以下内容：

（1）公司的工作安排，一般可以根据管理层会议及每周例会等进行整理。

（2）领导的年度计划表、月计划表、周计划表和临时工作安排。

（3）进行中的项目当天的进度安排及相关工作。

（4）预约过或者已经确定的日程、会议或活动。

（5）计划需要当天完成的其他工作。

（二）工作日志的内容

工作日志是秘书和领导一天工作的“行动指南”，因此相较于月计划表和周计划表，它往往更加细致，工作开始的时间单位最小要具体到“时”，工作内容也应当尽量具体。当然，工作日志每天的内容都不相同，不可能千篇一律，以领导的工作日志为例，主要包括以下几类内容：

（1）领导需要参加的公司会议及活动名称，以及具体的时间、地点、要准备的内容和材料。

（2）领导当天需要完成或者审批的工作，对于正在进行中的工作，还应记录工作进行情况和时间节点、对接部门及工作要求等信息。

（3）领导的外出活动，如交流会、酒会等商务活动，不但需要明确时间和地点，还需要备注对方联系人电话，以及注意事项。比如参加商务活动需提前准备活动材料和相应服装。

（4）领导的私人行程，如家庭聚会、去医院检查等，这部分内容虽然是工作之外的，但是秘书也要知晓并记录，这样不但可以及时提醒领导，还可以在安排其他工作时合理避开这些时间。

（5）关于领导的临时事务，如客户的约见、临时的致电、参会邀约以及领导分管的工作项目出现的新变化与新情况，都需要先详细记录，然后及时汇报。

（三）编制工作日志的步骤

编制工作日志并不是在本子上随意记录，而是需要遵循清晰的思路和步骤。要注意的是，编制秘书的工作日志和领导的工作日志步骤略有不同。

1. 编制秘书的工作日志

（1）列出个人工作任务清单。首先将自己当天需要完成的工作详细列出。这些工作既包括参加会议、陪同外出考察、撰写重要文件等“大事”，也包括发放办公用品、打印会议材料等“小事”，无论工作难度高低或耗时长短，都应该填写到工作日志中，以免遗忘。

（2）根据领导的工作安排重新排序。一般而言，除了非常紧急的工作外，秘书在编制个人工作日志时应充分并优先考虑领导的工作和“需求”，将个人的工作按实际情况穿插于领导的工作安排之间。首先保证与领导相关的工作优先完成，再将个人工作按重要程度和紧急程度依次排序。

（3）填写工作日志。将排好序的工作任务整理进工作日志中，并在备注栏填入注意事项及紧急程度等信息。

2. 编制领导的工作日志

（1）收集并罗列领导当天的工作任务。领导的日常安排一般包括会议、接待、拜访、检查、指导等类型，有时还有一些私人行程。秘书在收集领导的工作任务时，应首先提前请示领导当日的工作安排，并充分考虑周计划和此前定下的其他工作。

（2）给工作任务排序。能否对领导的工作进行合理的安排，是对秘书组织、协调能力的考验。秘书需要先拟定对各项工作进行排序的标准，然后对各项工作进行排序。一般而言，可以根据工作任务的重要程度进行排序。此外，临近截止日期或者迫切需要决策的事务应当提前，而这种时间的调整，也应当尽量不影响早已提前定好的接洽等工作安排。只有这样，才能在保证公司信誉的同时提高效率，帮助领导充分利用时间，合理分配精力，有效完成工作任务。

（3）填写工作日志。将排好序的工作任务整理进工作日志中，然后向领导汇报，如审批通过，秘书还需要将领导工作日志中的工作相应填写到个人的工作日志中，之后严格参照执行。

工作日志的编制看似简单，却绝不能随意对待。在编制工作日志时，要务必将信息填写清晰完整，尤其是涉及时间、地点等内容时应反复核对以免出错。当工作日志中的情况出现变化时，应及时告知领导，并立即更新领导和自己的工作日志，同时做好变更后的有关工作。

虚拟仿真实训：
编制领导的工作日志

三、工作日志的修改

（一）需要修改工作日志的情形

虽然秘书每天都要处理很多相似的事务性工作，但这并不代表秘书的工作是一成不变的。相反，秘书的工作还可能面临很多意想不到的“突发状况”，比如原本约好的客户来访临时取消、会议室设备突然损坏、领导临时调整工作计划等。当这些情况发生时，秘书应当保持冷静，并及时对工作日志进行修改。以下就是一些常见的需要修改工作日志的情形：

（1）领导临时改变工作计划。

（2）发生重大事项，需要紧急处理。

（3）相关人员、相关公司工作安排与本公司活动（或会议等）有冲突，而对方的工作又是不可或缺的。

（4）工作进程发生变化，原安排必须调整。

（二）修改工作日志的注意事项

1. 修改领导的工作日志

当领导的工作安排有变动时，秘书应首先更正其工作日志内容。当新提出的工作任务与原有工作安排发生冲突时，为了避免影响其他工作的正常进行，秘书在修改工作日志时应综合考量，尽量将修改范围缩减至最小，可优先采取与其他不迫切的工作对调等方式进行调整。

2. 修改秘书的工作日志

领导的工作日志发生变动，秘书的工作日志必然要随之修改，而修改时也应注意将变动幅度控制在最小的范围内。首先要保证领导安排的工作优先完成，自己的工作可以视实际情况适当延后。秘书在为领导和自己编制工作日志时，可留出一定的“机动时间”，这样一来，一旦遇到工作临时发生变动的情况，秘书就可以有更充足的时间进行调整和应对。

推行工作日志的目的和意义

微课：设计与填写时间表

3. 补充秘书的工作日志

在按照工作日志开展工作的过程中，还可能会发生突然接到新工作任务的情况，比如客户未经预约突然来访、领导临时布置新工作、办公室打印机突然缺墨等情况。这些工作往往无法延后，必须及时处理。而秘书在处理这些工作的同时，也应该将它们补充进工作日志中，以便综合统筹。当新增加的工作非常迫切时，要优先处理并合理控制好时长，避免对后面的工作安排造成较大的影响。当新增加的工作不迫切时，秘书可以查阅工作日志寻找原定工作时间段之间的“空余时间”，将新工作放在相对空闲的时间内进行。

实战训练

1. 课堂讨论

（1）编制工作日志的依据有哪些？

（2）编制秘书的工作日志和领导的工作日志步骤有何不同？

（3）修改工作日志时有哪些事项需要注意？

2. 分析案例，解决问题

3. 实务训练

工作日志的执行顺序

请根据右边二维码案例，为何寒雪重新整理一份工作日志，注明每项工作的紧急程度和处理的先后顺序，并简要说明这样安排的理由或依据。

实训目的：

通过实训，思考如何才能通过编制工作日志更加合理地开展工作。

实训说明：

阶段	实训任务	要求
分组讨论	1. 本部分实训建议在课堂上进行 2. 把全班同学分成若干小组，小组内讨论工作日志应该包含哪些内容	学生全员参与，教师随机指导讨论，10 分钟
成果展示	1. 在各小组充分讨论，并主动消化课堂知识的基础上，教师随机选择 3 个小组，由其各派 1 名代表在黑板上列出本组编制的工作日志 2. 在黑板上列出后，请 3 个小组各选 1 名代表简要说明编制工作日志的思路和依据	35 分钟
总结评价	教师总结，并根据学生展示的成果回顾课程相关的知识点，帮助学生更好地消化、理解	5 分钟

4. 课后拓展

尝试编制自己的周计划表，将一周的课程安排、学习计划、兼职工作、校园活动、作业任务等内容按照具体的时间标注清楚，看看自己能不能全部按时完成。

项目四 办公室日常事务

项目概述

为领导处理好外围的、事务性的工作，使领导从琐碎的具体事务中解放出来，是秘书的重要工作之一；同时，处理好事务性工作，也是整合部门和单位资源、理顺各方面关系、提高工作效率的关键所在。

秘书需要处理的常规事务性工作主要包括：通信管理，印信、保密、值班管理，零用现金管理和公务费用报销，办公资源管理，以及办公自动化。这些事务性工作大致可以分为三类：一是资源的分配与整合；二是程序性事务管理；三是保密性事务管理。

学习目标

➢ 知识目标

1. 了解办公室日常事务性工作的内容。
2. 掌握办公室日常事务性工作的操作规范和要求。

➢ 能力目标

1. 能够按照规范的程序做好通信管理，印信、保密、值班管理以及办公资源管理等工作。
2. 能准确领会本级和上级领导的工作意图。

➢ 素质目标

1. 培养处理办公室事务性工作的规范意识，严格遵守各项规章制度。
2. 培养注重细节、严谨细致的职业素养。

任务一 办公通信管理

任务导入

公司计划月末举办一场关于文创产品的展会，现招募参展商。办公室前台秘书何寒雪负责接听参展商的电话，详细记录参展商的相关需求，解答参展商关于展位费用、展位大小等方面的问题。此次展出的内容包括文创产品设计、数字化产品制作、文创产品现场服务与体验等。一上午的时间，何寒雪连喝口水的工夫都没有，她已经接到了上百个咨询展会信息的电话，眼看着下班时间到了，她正打算去吃午饭，这时电话铃声再次响起，她拿起电话说道："你好，中原文化教育有限公司，请讲。""你好，我是星耀文化创意产品公司，在网上看到了贵公司即将举办文创产品展会的信息，我们想进一步了解此次展会的布局设计问题。"何寒雪在电话中不耐烦地说道："怎么布局最终是由设计部决定的，我没办法解答，没看见现在是下班时间吗？有什么问题下午上班以后再来电吧。"紧接着她挂断了电话，走出办公室。

任务提出

面对参展商提出的疑问，何寒雪认为这是自己职责范围之外的事务，在这种情况下，她应该如何与参展商沟通呢？

任务分析

前台秘书在企业中的重要性不言而喻，可以说是企业对外联络的窗口，对提升企业形象至关重要。虽然何寒雪在电话中重点负责解答参展商关于展位费用、展位大小的问题，但对于参展商提出的其他疑问，她作为公司前台秘书也有义务耐心解答。对于星耀公司提出的关于展会布局设计的疑问，何寒雪目前没有得到上级领导的明确答复，但是她可以先把对方的问题记录下来，并告知对方目前还处于参展商招募阶段，公司会根据报名结果综合考量，筛选出高质量的参展商，并由设计部的同事根据参展商申报的文创产品进行分区，最终在官网上发布展会布局设计图，必要时可记录下对方公司的邮箱，到时将展会布局设计图发给对方。通过电话传递出热情礼貌的工作态度和严谨积极的工作作风，可以在无形中建立和维持企业良好的社会形象。

必备知识

良好的办公通信管理能够促进单位内部和单位与外部的信息沟通，维系单位的日常运营，提升工作效率。秘书工作中常用的办公通信包括电话的接打与邮件的收发。秘书的一言一语无不体现出自身修养，更代表着单位形象。由于秘书替领导接打电话、管理邮件是一项日常且频繁的工作，因此秘书必须树立得体的通信形象，这就要求秘书掌握办公通信的原则和步骤，帮助领导协调上下、沟通左右。

一、办公通信的基本原则

（一）接打电话的基本原则

1. 热情礼貌

秘书人员要善用电话传达情感，接打电话时首先要问候对方，保持平稳的语速和情绪，心平气和地与对方沟通，切勿给人压迫感。同时，要注意不同话语在不同语境下的表达效果，避免产生负面影响。

2. 清楚准确

秘书人员接打电话时，口语表达要言简意赅，紧扣主题，切忌拖泥带水、不得要领。对于通话的重要内容，特别是人名、地名、时间、编号等一定要准确记录并向对方核对，以确保万无一失。要力求在最短的时间内讲清楚重点，给人留下一个精明干练的形象。

3. 时间得当

秘书的办公桌上往往有多部电话，电话铃声响起后应在三声内接听，需要注意的是，不宜在响铃瞬间接听，若长时间无人接听，拿起电话时应先表示歉意。秘书在打电话前应充分考虑到对方接听电话的时间是否方便，避开对方临近下班的时间拨打电话。

4. 安全警惕

秘书人员要遵守秘书职业相关法律法规和标准，严格以法律为准绳，懂法守法，廉洁自律，坚守工作原则，牢固树立底线意识，增强自身保密观念，按章办事，维护国家、企业的合法利益。这就要求秘书人员在接打电话的过程中时刻保持高度的保密意识，涉及国家、企业秘密的信息丝毫不得透露。

（二）邮件管理的基本原则

1. 及时查收

秘书人员每天上班后应第一时间查收当日的邮件，既包括通过邮政系统或快递公司寄递的各种邮件，如各类信函、印刷品、包裹等，也包括电子信函，如传真、E-mail等，查收完毕后应对邮件基本信息进行登记。企业邮箱每天至少要打开两次，以免遗漏或延误重要邮件。

2. 分类整理

邮件可按照紧急程度划分为重要邮件和普通邮件；也可按照邮件性质划分为私人邮件和公务邮件；还可按照邮件所涉及部门的名称进行分类，整理后由部门负责人进行派发。

二、办公通信的步骤

（一）接打电话的步骤

1. 调整坐姿

秘书人员在接打电话时应保持端正的坐姿，用丹田发声，使声音自然流畅、悦耳动听。

2. 自报家门

电话接通以后，秘书要主动报出公司名称、个人姓名及职务。此过程应保证简洁，不可长篇大论，避免浪费时间。

3. 随时记录

通常人们习惯用右手接听电话，但秘书在接打电话的过程中往往需要随时记录，因此要习惯用左手持听筒，右手持笔记录通话的重要信息，避免出现边用肩膀夹着话筒边记录的情况。

微课：接打电话实务

通话过程中可能出现的问题及处理方法

公司电话接听记录表和邮件登记表

4. 及时确认

在接打电话的过程中应注意核对通话内容，凡是有重要事由的电话都应核对，通常由受话一方复述，送话一方核对；有时也可由送话一方口述，受话一方校正。通过核对，改正听误，弥补遗漏之处。

5. 礼貌挂断

通话结束时，挂断电话一般遵循三个原则：一是尊者、长者先挂原则，如领导、长辈、客户等先挂。二是被求者先挂原则，也可理解为接听者先挂，因为大多数情况下接听者就是被求者。三是电话轻放原则，避免用力过猛导致对方耳朵受到刺激或伤害，从而影响自己和公司的形象。

（二）查收邮件的步骤

1. 查收

查收邮件后清点邮件数量，并对邮件基本信息进行登记。邮件登记的主要内容包括收件人、寄件人、收件日期、邮件类别等。

2. 分类

收到邮件后应该按照一定的标准对其进行分类。一般按照邮件的重要程度分类，以保证重要邮件得到优先处理。邮件分类时应将私人邮件与公务邮件分开，将办公室邮件与外部邮件分开，将优先考虑和处理的材料放在一起。

3. 拆封

拆封邮件时应使用剪刀、拆信尺或其他专业工具，不能用手撕，以免不小心破坏邮件上的一些重要信息，同时保持邮件封皮的美观。正确的拆封位置在信封的右侧边，信封不能丢掉，也不能损坏信封上的文字、邮戳和其他标志。拆封后可用回形针把封皮和信纸或附件等固定在一起，以备查阅、佐证之需。

4. 阅函

在得到上司授权的情况下，秘书应及时对自己有阅览权限的邮件进行阅读处理，必要时进行登记，也可对邮件进行加注。如果不小心拆了领导的私人信件，应在确定是私人信件后，停止阅读，马上密封，亲自送给领导，并致歉。

5. 呈送

在呈送前，应按照轻重缓急的程度对需呈送的邮件再做细分，保证重要邮件得到优先处理。另外，秘书在呈送邮件时，也可视情况将自己已处理的邮件及处理结果汇总附上。

（三）发送邮件的步骤

1. 邮件校核

邮件起草完毕后，秘书人员应该按照正确的格式进行打印，并保证句、词及标点的使用正确。同时核对附件等是否已装好，尽量保持信件的整洁、清楚，确保附件准确、齐全，防止疏漏。

2. 领导签发

要发出的邮件必须经领导签字之后才能生效。秘书人员将需要领导签发的邮件准备好后，在恰当的时机送领导签字。除紧急的邮件必须立即请领导签字之外，一般的邮件可以集中在一起找一个方便的时间统一请领导签字。

3. 查核邮件

邮件封装之前，需要仔细查核邮件。查核的内容主要包括两项：一是附件；二是信封、信皮。查核附件要注意附件是否准确、齐全。查核信封、信皮要注意检查以下内容：格式是否正确；姓名、地址、邮编是否正确；标记是否注明。标记有两种类型：一种是邮件性质标记，如“私人”“保密”等；另一种是邮寄方式标记，如“挂号信”“急件”等。

4. 邮件装封

邮件装封之前，秘书应该注意将材料上的小夹子或其他装订用具取下。

5. 邮件登记

使用登记册或记录本登记将要发出的邮件。

6. 邮件寄发

如果邮件的数量和种类都较多，可以先对邮件进行汇总并分类，如境内平信、国际航空、特快专递等，因为不同的类型往往有不同的寄发要求。

虚拟仿真实训：
邮件处理

实战训练

1. 课堂讨论

（1）办公室接打电话的注意事项有哪些？

（2）办公室邮件管理的注意事项有哪些？

（3）如何对邮件进行分类？

一天的邮件

2. 分析案例，解决问题

3. 实务训练

某天你在办公室接到了一位客户的投诉电话，客户在电话中情绪激动甚至出言不逊。针对这种情况，你会如何处理？请简要阐述你的观点，并编排成情景剧分角色进行演练。

实训目的：

通过实训，思考当客户抱怨或投诉时该如何处理。

实训说明：

阶段	实训任务	要求
分组讨论	1. 本部分实训可在课堂上进行，同桌两人为一组，讨论分析客户情绪激动的原因 2. 根据不同原因分别阐述有效的应对方法	学生全员参与，教师随机指导讨论，10 分钟
模拟演练	在充分讨论的基础上，每组的两人分别扮演秘书和客户，进行模拟演练	15 分钟
成果展示	教师可挑选两组上台向全班同学展示投诉电话的处理流程，并简要说明观点	每组 5 分钟
总结评价	1. 教师组织学生共同评议，找出各组的优点和不足，以期以点带面、触类旁通 2. 总结处理投诉电话的方式	15 分钟

4. 课后拓展

课后到学校的志愿者服务中心接听咨询服务热线电话，将所学的接打电话的知识和技巧应用于实践。

任务二 办公室印信、保密、值班管理

任务导入

一日，总经理秘书林丽拿着一份需要加盖办公室印章的文件到负责管理办公室印章的秘书王丹处盖章，但此时王丹不在办公室，而林丽手中的文件比较着急，她就跟与王丹在同一个办公室的文员温暖说："我这份文件比较着急，上级领导等着要用，这会儿王丹秘书不在，你帮我盖个章吧，很简单的，王丹回来了我跟她说就行。"温暖作为入职不久的新人，不好意思拒绝林丽。因为平常和王丹在一起办公，她也知道办公室印章的位置，就帮林丽盖了。等王丹回来后，温暖将此事告知了王丹，王丹说盖章需要填写相关审批表，领导同意后才能用印，而且，印章放在抽屉中，非管理印章的人员是不能随便取用的。最后，温暖按照王丹的要求补了一份用印审批表。

任务提出

作为负责印章管理的秘书，王丹应该如何管理印章？

任务分析

印章是权威的象征，代表着一个组织的权力。面对急需盖章的文件，而管理印章的秘书王丹暂时不在，温暖作为入职不久的新人此时应当主动打电话联系王丹，询问用印规则，然后按照规则对相应文件用印。王丹作为管理印章的秘书应当加强印章管理，将用印规则告知各部门，同时日常用印应严格按照程序来，不能遇到熟悉的同事或上级领导就无视用印规则，要形成严格的用印申请流程。为了保证印章的安全，放置印章的抽屉用后应当上锁。

必备知识

一、办公室印信管理

印信是单位各种印章的总称，它代表着相应的权威、承诺和责任。在我国，从中央到地方各级党政机关、企事业单位等都有自己的印章，即公章。印信管理作为办公室工作的一个组成部分，具有特殊而重要的地位和作用。

（一）印信的作用

1. 标志作用

印信是机关、单位行使职权、进行各种公务活动、对外联系的标记和凭证，是行文机关表示对公文负责并标志着公文生效的凭证，除用于公文外，还用于开具各种凭证。印信一经刻制启用，就作为一种标志代表一个单位或个人。有了印信这个标志，各种文

件、介绍信、合同、报表等文书才能被人们所承认和执行。

2. 权威作用

印信是机关、单位权威的象征。在一定场合下，机关、单位权威的实现是以印信为见证的，这是法律赋予的权力。领导的个人印信由办公室统一使用和保管，这是为了显示与维护领导的权威。由领导签章的各类聘书、决定及其他重要文件，在彰显其法律作用的同时，也能表明其权威性。

3. 法律作用

我国党政机关、企事业单位等都是依法成立的，所刻制的印信依法经过审批才能启用，启用后的印信受法律保护，同时印信使用者又对用印承担法律责任，即对加盖印章后的公文在社会政治、经济活动中产生的一切后果负有法律责任。

（二）印信的启用

第一，在确定好启用印章的时间后，应提前向有关单位发出正式启用印章的通知，注明正式启用日期，并附印模，同时报上级机关备案。

第二，制作“印模卡”一式两份，颁发者、使用者都要把启用日期的相关材料和印模立卷归档，永久保存。

第三，业务印章的启用时间可由各单位领导自行决定；对外产生效用的印章，还须将启用时间、印章样式通知有关单位。

（三）印信的管理工作

印信管理是办公室的一项基本职能。办公室秘书应从以下四个方面加强印信管理：

第一，重视办公室队伍建设，提高办公室秘书素养。各级领导要挑选在政治上可靠、责任心强、作风严谨的人员负责印信管理工作。办公室秘书要加强对印信管理重要性的认识，严格遵守用印的程序和制度，明确职权范围，对超出职权范围的，应向领导请示汇报。同时，办公室秘书还应注重学习和研究，熟悉本部门的业务，对能否用印、是否符合条件做到心中有数。

第二，完善相关制度，严格控制印章的刻制、使用和管理。坚持一级印章一级管的原则。临时性机构和内设机构原则上不刻公章，确属工作需要的，必须把住源头，报经上级批准。此外，各类证书加盖印章要先办手续再盖公章，不得事先“套印”。要建立用印登记制度，特别是非常规用印要及时登记，严格填写用印日期、事由、承办人、批准人等事项，以备查考。

第三，坚持按原则办事，依政策盖章。要摒弃私心杂念，做到“一枚朱印，处处为公”，切不可利用管印之便谋私利。遇有“递条子”“打招呼”的，要问清情况，不能轻率办理。在办理住房补贴、人事流动等敏感事务时，一定要格外谨慎，能办则办，不能办的坚决不办。

第四，坚持“专人掌管，安全存放”。印章应由专人掌管，责任到人。当掌管印章的人员出差、休假需将印章交给其他人保管时，领导应监督双方的交接工作，并对用印工作适时进行检查，发现问题及时纠正。印章保管应使用专用盒，并随时上锁，严禁外借或拿出办公室使用。掌管印章的人员因工作调动离开岗位时，应及时更换放置印章的柜、锁，严防印章管理失控。

虚拟仿真实训：
印章使用和管理

印信管理人员
必备的素质

二、办公室保密管理

保密工作概括地说，就是从机关、单位的安全和利益出发，将机关、单位秘密控制在一定的范围和时间内，防止被泄露和非法利用，使自身价值得到充分有效的实现而采取的一切必要的手段和措施。

（一）保密工作的主要内容

1. 文件保密

文件保密是秘书部门保密工作的一个重点，包括发文办理的保密和收文办理的保密。

2. 会议保密

会务工作是秘书部门的一项重要工作，因此，会议保密自然而然地就成为秘书部门保密工作的一项重要任务。它包括一般会议、内部会议和秘密程度较高的会议的保密。

3. 通信保密

通信保密指利用电话、电报、无线电台、对讲机等通信设备进行联络过程中的保密。在通信过程中，要防止情报的泄露。

4. 办公自动化保密

办公自动化，特别是计算机的使用大大地提高了秘书工作的效率，但也要求秘书保守相关的秘密。

5. 领导言论保密

秘书人员与领导接触甚多，能听到领导在非正式和非公开场合的言论，对这些言论也同样需要保密。

（二）保密工作的管理

保密工作的管理，主要体现在以下几个方面。

1. 建立保密工作管理组织

组织落实，是开展保密工作的前提和基础。根据《中华人民共和国保守国家秘密法实施条例》的规定，机关、单位应当加强保密工作力量建设，中央国家机关应当设立保密工作机构，配备专职保密干部，其他机关、单位应当根据工作需要设立保密工作机构或者指定人员专门负责保密工作。

2. 健全保密工作制度

有法可依，有规可循，是保密工作得以落实的前提。《中华人民共和国保守国家秘密法》是规范我国保密工作的基本法规，凡涉及机密的国家工作人员，包括秘书人员都必须坚决拥护，严格遵守。在此基础上，各机关、各单位还应根据本机关、本单位保密工作的实际情况，制定出行之有效的保密制度。

3. 开展保密工作教育

保密教育是一项长期的任务，要经常化、制度化，因为人的思想是不断变化的，技术也是不断发展的。有关保密工作的教育，包括思想教育和技术教育两个方面。思想教育的目的在于提高涉密人员的保密意识。技术教育的重点应放在保密措施的普及上，例如怎样防止电话被窃听、如何使用密码，以及计算机储存信息的保密手段等。

4. 进行保密工作检查

各机关、各单位应建立定期检查保密工作的制度，特别是在重要的节假日前，要加强检查，以防患于未然，杜绝泄密。保密工作检查包括思想的检查、保密设施的检查及保密制度执行情况的检查。除了定期检查外，秘书人员还应定期向上级汇报保密工作的开展情况。

三、办公室值班管理

值班，是指一个组织在正常工作时间以外安排有关人员轮流在岗待命，负责处理一些临时性的综合事务或专项性的特定事务。

（一）值班工作的任务

1. 及时准确传达信息

这包括接听并记录电话、接收并登记紧急文件、收受并转送电报、答复上级单位对有关情况的询问等。因此，值班室应保证各种通信渠道的畅通，并备有各部门领导和交通、公安、消防、急救等常用电话号码表，密切保持与机关、单位负责人的联系；应掌握领导的活动和去向，保证在遇到特殊情况的时候能够及时通知他们，但是，未经领导同意，不能将领导的活动和去向告知无关人员。

2. 做好接待工作

对于外地来访者，要协助安排好食宿，并通知有关部门做好接待工作；对于本地公务来访或问询，要视情况予以答复；对于找领导解决问题的，要根据问题的性质，做出适当的处理。在接待来访人员之后，要填写好接待记录。

3. 承办临时事项

（1）承办上级通知事宜。接到上级重要指示、通知后及时向相关领导报告，并根据领导批示和处理情况，按要求向上级报告。

（2）承办下级请示、报告事宜。对下级的一般性电话请示、报告，可根据有关精神给予明确答复。比较重要的则要向领导报告，并根据领导的指示进行相关处理或者转有关部门处理。

（3）承办领导交办的事宜。主要包括传达领导对某一问题的指示、意见，下达临时性的会议通知，以及向上级机关或者外部单位询问有关事项等。

4. 处理突发事件

如果遇到事故、火灾、盗窃、暴雨、地震等突发事件，值班人员要做到遇事不慌、处变不惊，能够沉着、冷静、机智、果断地加以处理，比如立即向领导报告，并就近组织人力救灾抢险，或向邻近机关、单位、部队求援，或保护事故现场，或紧急转移机要文件和贵重物资等。

5. 安全保卫

办公室值班人员的安全保卫职责，与单位保安人员的任务不同，主要是负责夜间和节假日内部机密文件资料和器材的保护。

（二）值班工作的基本要求

（1）值班服务守岗守时。

（2）上传下达及时准确。

（3）来访接待文明热情。

（4）文件资料注意保密。

（5）应急处理审慎果断。

（6）详细填写值班日志。

实战训练

1. 课堂讨论

（1）办公室秘书应从哪些方面加强印信管理？

（2）办公室保密工作的内容有哪些？

（3）办公室值班工作的任务有哪些？

工作的调动

2. 分析案例，解决问题

3. 实务训练

某天夜里，你在办公室值班，突然接到客户电话，有紧急情况需要处理，这时你将如何处理？请通过模拟接打电话的方式简要阐述具体措施。

实训目的：

通过实训，总结值班时如果发生紧急情况应如何处理。

实训说明：

阶段	实训任务	要求
分组讨论	1. 本部分实训可在课堂上进行，同桌两人为一组，讨论分析应对紧急情况的基本思路 2. 假设不同情况，分别阐述有效的应对方法	学生全员参与，教师随机指导讨论，10 分钟
模拟演练	在充分讨论的基础上，每组的两人分别扮演秘书和客户，进行模拟演练	15 分钟
成果展示	教师可挑选两组上台向全班同学展示紧急情况处理流程，并简要说明观点	每组 5 分钟
总结评价	1. 教师组织学生共同评议，找出各组的优点和不足，以期以点带面、触类旁通 2. 梳理应对紧急情况的方法	15 分钟

4. 课后拓展

根据你所在学校的学生宿舍日常管理方式，拟订一份学生宿舍值班管理细则。

任务三 办公室零用现金管理和公务费用报销

任务导入

同为办公室秘书，李景和王丹在工作中配合默契，在生活中关系也十分要好。一日上午，李景给王丹发信息说："你不是管理着咱们办公室的零用现金嘛，我这边有点事，需要现金，可今天又忘记准备现金了，你那的现金先借给我点，过几天我给补上。"王丹收到信息后，不假思索就回复说："你过来取吧，我给你准备好。"稍后李景来找王丹，直接就把现金拿走了，未做任何登记。月底，王丹在对零用现金进行核对时，才想起来李景还未将现金补齐，想到两人关系这么好，这点钱也不值得再找李景要了，就自掏腰包补齐了。

任务提出

作为管理办公室零用现金的秘书，王丹应该如何规范管理零用现金？

任务分析

作为管理办公室零用现金的秘书，王丹应当严格规范管理办公室零用现金，尤其要严格把控零用现金的使用范围。面对李景个人使用小额现金的要求，王丹应清楚这不属于零用现金支取的范围。王丹违反管理规定，给李景支取了现金，更应该及时登记，加紧催促李景将现金补齐。总之，王丹应真正认识到零用现金作为公司备用金的重要性，切实负起保管和支付备用的责任。

必备知识

办公室零用现金通常用于与公司业务相关的一些小额支出，如交通费、邮费、接待用茶点费、停车费和少量办公用品的添置费等。倘若次次都向财务部门支取这些小额现金，会影响工作效率，因此一般情况下会由办公室支取一定金额的零用现金以保障公司正常运作。对于一些无法使用零用现金支付的项目，如差旅费、设备购置费等，则需要到财务部门申请公务费用的报销。作为秘书人员，应该明确办公室零用现金的使用范围和管理要求，熟练掌握公务费用的报销程序。

一、办公室零用现金管理

（一）零用现金的设立

零用现金的本质，其实是财务部门预付给办公室的备用金。由于用支票来支付小额费用不方便操作，因此一些企业办公室会设立一笔零用现金，或称作备用金，用于小额支出。它通常是由企业领导和财务负责人批准后由秘书保管和支出，也可作周转之用。

零用现金的数额根据企业的规模和平时小额支出的次数多少来确定，秘书可以在每月月初或办公室零用现金不足时，填写零用现金申报单，标明开销项目、申报金额、申报用途、申报部门、申报人姓名、申报日期等，上呈领导批复；领导批复后，秘书即可去财务部门支取办公室零用现金；秘书取得零用现金后，应将其锁在保险柜内或带锁的抽屉里，并负起保管和支付备用的责任。

（二）零用现金的使用范围

日常办公通常会有一些小数额的开销，如临时购买办公用品、支付快递费和小型设备维修费等，这些费用往往都是通过办公室的零用现金支付，因此，办公室应随时备有小数额的现金用于日常工作所需。办公室秘书要承担起保管零用现金的职责，明确零用现金的使用范围。办公室零用现金一般用于以下几个方面：

（1）支付本市交通费、停车费。

（2）支付邮费。

（3）支付少量办公用品的添置费。

（4）支付接待用的茶点费。

（5）支付公司规定的其他列入办公室费用的小额开支。

一般情况下，有些公务费用，如差旅费等不能从零用现金中支出，需要直接到财务部门申请费用和报销结算。

（三）零用现金的管理要求

（1）办公室秘书应该严格遵守办公程序和财务制度，不应自建或协助他人建立办公室的“小金库”。

（2）办公室零用现金的金额不得随意增减。零用现金应存放在办公室的保险柜内或带锁的抽屉里。

（3）零用现金借支应符合国家有关财务政策，并按照组织规定的程序办理相关手续。

（4）办公室秘书保管零用现金应符合组织规定的作业程序，并详细记录办公室开支的明细账，以备查验和账目管理。

（四）零用现金的管理程序

1. 向财务部门支取零用现金

秘书人员应首先填写零用现金支取申请单，写明申请日期、部门、用途、金额等事项，经主管签字后，提交财务部门审批。财务部门审批通过后，即可将零用现金支取给秘书。

虚拟仿真实训：管理备用金

2. 填写零用现金申报单

当有工作人员申请支取办公室零用现金时，秘书应要求其按照程序填写零用现金申报单，填写完毕以后，核实申报人员信息及支出项目、金额、用途等，上报领导审批后，方可支取零用现金，并留下申报单存根，将信息记录至零用现金管理账簿。

3. 制作零用现金管理账簿

秘书应制作零用现金管理账簿，清楚注明收到现金的日期、收据编号、金额和支出现金的日期、用途、凭单编号、金额、余额等。必要时还应该对账目进行分析，了解花销的情况和去向。

零用现金管理账簿、零用现金凭单

4. 核实申报人员提交的单据

现金使用者使用过现金后应提供相应的单据，如发票等。秘书负责查验单据上显示的信息内容、用途、金额是否与申报单存根上的一致，核实无误后，将发票等单据装订在申报单存根后保存。

5. 做好收支记录

秘书应在每月月底进行收支记录汇总，制作收支记录汇总表上呈领导审阅后，进行财务公示，以示办公室零用现金支取的公开透明。此外，秘书还应将收支记录的各种表格，连同申报单存根和相关票据，放入档案袋以备查阅。

6. 定期向财务部门报销

秘书应根据组织相关制度，按照正常报销程序定期报销零星支出。如所剩零用现金不多，可再次申请办公室零用现金，以备后续开支。

二、公务费用报销

（一）公务费用的范围

1. 差旅费

差旅费包括城市间交通费、住宿费、伙食补助费、市内交通费。差旅费报销应提供城市间交通车票、住宿费发票，还必须附差旅审批单和主办单位通知文件。

2. 行政管理费

行政管理费是指企业用于日常行政管理方面的公务费用，主要包括办公费、印刷费、水电费等。以上费用报销须提供发票及费用清单，费用清单上应注明商品名称。

3. 会议费

会议费是指会议举办单位在会议期间的开支，现在很多会议都是依托饭店等会务场地召开的，报销时费用清单上应如实按住宿费、伙食费、会议室租金、会务用车等罗列清楚。

4. 公务用车运行维护费

公务用车运行维护费包括公务用车租用费、燃料费、维修费、过路费、保险费等。其中，公务用车租用费应由出租方提供发票并签订协议，燃料费、维修费、保险费等报销时应提供发票和明细结算清单。

5. 设备购置费

设备购置费是指符合财务会计制度规定的固定资产确认标准的办公设备购置支出。企业购买政府集中采购目录以内的或者采购限额标准以上的办公设备、信息网络及软件应按规定办理政府采购手续。

6. 修缮费

修缮费包括行政单位的公用房屋、建筑物及附属设备的修缮费用，公房租金，以及不足基本建设投资额度的零星土建工程费用。

（二）公务费用的报销流程

1. 公务费用的申请

员工在出差、参会、培训等公务活动前，必须向直接上级提交公务费用申请。公务费用申请应包含活动目的、时间、地点、费用预算等必要信息，差旅审批单上应详细注明出差时间、事由、同行人员等信息，并附上相关证明材料。

2. 整理报账凭证

员工在完成公务活动后，应及时整理相关费用凭证，如发票、行程单、公务卡的各项支出清单等，并填写公司规定的报账单，详细列明发生的费用项目、金额及相关事由。然后员工应将报账单及相关费用凭证交至直接上级审核。

3. 公务费用申请的审批

直接上级有权对员工的公务费用申请进行审批，审批时应对费用的合理性进行评估。直接上级在审核中发现不合理的费用或费用凭证不符合要求时，有权要求员工补充或修改申请。如费用预算超出公司规定额度，需经更高级别主管审批同意方可通过。审批通过后，应将审批结果告知申请人，使其继续报销相关费用。

行政事业单位发票入账审核要点

4. 财务部门审核报销

审核通过的报销申请材料应提交至财务部门进行最终的审核，并按照公司规定的时间进行报销。报销附件要充分说明报销事项，会计要把好审核关口，发生的报账交易要合法合规，开具的发票类型要符合规范，然后复核报销附件是否齐全，最终由出纳根据批准的报销单支付或结清款项。

实战训练

1. 课堂讨论

（1）办公室零用现金有何用途？

（2）办公室零用现金的管理程序是怎样的？

（3）公务费用的报销流程是怎样的？

2. 案例分析，解决问题

3. 实务训练

公司零用现金管理细则

中原文化教育有限公司将在下周举办一场会议，在准备会务用品时，办公室秘书陈文发现演讲台上的麦克风没有电池。办公室主任张成功把这次会议的场地租赁合同交给陈文，并要求陈文去财务部请财务人员按照合同约定向提供会议场地的酒店支付场地租赁费12 000元。

假如你是陈文，你将如何完成以上工作？

实训目的：

通过实训，掌握办公室零用现金的支取方式和公务费用的报销流程。

实训说明：

阶段	实训任务	要求
分组讨论	1. 本部分实训既可在课堂上进行，也可在授课后集中进行 2. 把全班同学分成若干小组，每组 4 人，各组讨论在这个案例中需要填写的表单有哪些	学生全员参与，教师随机指导讨论，10 分钟
模拟演练	每组的 4 人分别扮演陈文、张成功、温暖、财务人员，模拟在秘书办公室和财务办公室办理零用现金支取和场地租赁费报销的过程	15 分钟
成果展示	请 2～3 组学生代表上台演练	每组 5 分钟
总结评价	1. 教师组织学生共同评议，分析讨论各组的操作流程是否规范 2. 教师总结	15 分钟

4. 课后拓展

秘书在办理办公室零用现金支取和公务费用报销等业务时会经常与财务部门进行沟通，这就需要秘书具备相应的财务知识。课后搜集与零用现金管理和公务费用报销相关的会计知识并进行学习。

任务四 办公资源管理

任务导入

何寒雪刚刚成为办公室前台秘书的时候，在管理办公资源时经常手忙脚乱，她把办公用品储藏室的钥匙放在办公室抽屉里，哪个部门需要耗材就可以直接来拿钥匙提取，经常出现领用人发现需领用的物品一点都没有的情况，比如销售部的人来领用信笺、信封时发现储藏室连一张信笺、一个信封都没有。这时她才赶去采购，但是又不知道该买多少才能既够用又不造成闲置。办公室张主任到办公用品储藏室看了看，发现储藏室内堆得乱七八糟，不仅有本子、U盘、圆珠笔、胶带等办公用品，还有拖把、扫把等清洁用品，甚至还存放着员工锻炼时用的篮球、排球，以及一些装潢材料。

除了办公用品的管理外，设备的操作也让何寒雪很头疼，有一次领导开会急需双面复印一些文件，她试了半天，不是把文件顺序复印乱了就是把字体弄错了，最后还把打印纸卡在机器里面了，急得她出了一头的汗，还是王丹秘书及时帮她排除故障，才把文件打印好。

资料来源：徐飚．秘书实务［M］. 北京：高等教育出版社，2023：2.

任务提出

何寒雪在办公资源管理中存在哪些问题？如何正确使用打印机等常用办公设备？

任务分析

资源是一个很宽泛的概念，一个单位、一个部门所拥有和涉及的物力、财力、人力等各种物质要素，都属于资源。秘书工作涉及的办公资源，范围也很广，凡是行政办公过程所需的房屋、场地、设备、家具、耗材、信息等，都属于办公资源的范畴。何寒雪办公资源管理混乱，比如让各部门自取用品，没有办公用品领取单、备品清单、入库单，用品放置混乱、未归类等。她必须认真管理办公设备和用品，以保证工作的需要，并维持库存控制系统的有序运转。办公资源的订购、接收与管理等各个环节都离不开库存控制，一个科学的库存控制系统能够有效地帮助秘书做好办公设备与用品的管理。

随着科学技术的发展，各种办公自动化设备将秘书从大量的事务中解脱出来，大大提高了秘书人员的工作效率。熟练使用办公设备是秘书人员必备的基本工作技能，办公设备（特别是电子设备）往往都附有详细的使用说明，秘书人员只要按照使用说明规范操作即可。

必备知识

办公室秘书对办公资源的管理主要包括两个方面：一是资源的分配与整合，包括资源管理制度的建设以及资源的分配、申购、登记、调配和报废等，这主要通过台账管理来实现；二是资源的使用和维护及人员的培训。

一、办公资源的配置

（一）办公资源的种类

1. 办公设备

办公设备是指办公室必备的用于日常办公或改善办公环境的各种电器、电子产品、机械设备，如电脑及其配套设备（存储设备、显示设备、鼠标、键盘等）、传真机、碎纸机、打印机、复印机、电话机、录音笔、投影仪、速录设备、扫描仪、空调（暖气）、风扇等。基于接待或服务的需要，某些主要领导的办公室还需要配备咖啡机、电视机、电冰箱、热水器等电器。

2. 办公家具

办公家具主要是指办公室必备的家具，通常包括：办公桌（班台）、办公椅、会议桌、会议椅、桌前椅、沙发、茶几、文件柜、更衣柜、保密柜（保险箱）、茶水桌、挂钟、白板等。

3. 办公易耗品

办公易耗品通常是指单品价格在 200 元以下、不纳入固定资产、在日常办公中容易消耗的物品，主要包括以下几种：

（1）纸张：打印纸、复印纸、文稿纸、便笺纸、名片、信封等。

（2）笔：钢笔、中性笔、油性笔、白板笔、签字笔、铅笔等。

（3）小型仪器：订书机（订书钉）、电子日历、计算器、拆信器、切纸机、号码机、打孔机、充电器等。

（4）其他办公用品：文件夹、文件箱、文件袋、图钉、大头针、回形针、橡皮筋、大纸夹、光盘、U 盘等。

4. 专业设备

有些单位的办公室承担宣传职能，需要配备照相机、摄像机等专业设备；有些单位是多地办公，或者有大量国际业务，需要配备视频会议系统。

（二）各类办公资源的配置

1. 办公设备与办公家具的配置

办公设备与办公家具通常根据各类管理人员的职级和工作职责来配置，同时考虑配置密度、配置规格、资产价格、使用年限、性能要求等，各单位会有不同的标准。财政部、全国人大常委会办公厅、政协全国委员会办公厅、国管局、中直管理局于 2016 年 5 月联合发布《中央行政单位通用办公设备家具配置标准》，各级政府部门、事业单位通常会根据这个文件制定相应的标准，这个标准的上限是不能突破的。企业，特别是私营企业在办公设备、家具的配置上会相对宽松、灵活一些。

为了规范管理，单位通常会制定专门的办公设备与家具管理办法，明确相应的配置标准、申购流程、管理权责、维修报废等事项。

虚拟仿真实训：采购办公用品

虚拟仿真实训：发放办公用品

虚拟仿真实训：保管办公用品

2. 办公易耗品的配置

办公易耗品的配置主要有两种方式：一种是预算申购制，由各部门根据工作需要申请购买；另一种是分级配给制，由单位或第三方专业公司根据各部门工作需要，制定易耗品配置方案，按年度配给。为了规范管理，单位可以制定专门的低值易耗品管理办法。

3. 专业设备的配置

专业设备适用范围较窄，通常根据工作需要进行申购。专业设备的使用通常只涉及少数员工，一般采用个人责任制的管理办法。

二、办公设备的管理、使用与维护

（一）复印机

（1）预热。复印机通常需要预热，特别是在气温较低的情况下，预热必须充分。在工作时间内，复印机尽量保持预热。下班后务必关机。

（2）原稿检查。原稿检查主要是查看原稿是否完整，字迹、图像是否清晰，是否有深色底纹，是否双面都有复印内容。如果有深色底纹，要通过调整墨的浓淡来确保复印效果。

（3）缩放设置。文件复印时的缩放主要根据复印要求、纸张大小来决定。证照、带有印章的重要文件一般不宜缩放。

（4）涉密检查。涉密文件通常是不允许复印的，在复印之前，务必检查文件是否涉密及涉密文件的机密等级。特殊情况需要复印的，须向领导请示，并做好复印件回收、销毁的安排。

（5）双面复印。在文件需要双面复印但复印机没有双面复印功能时，需要手动单张逐一复印，这时要注意甄别进纸方向，以及二次复印时纸张的平整性。

（6）大件接拼。某些大于 A3 的开本，或者不规范开本的原件，在复印时需要接拼。接拼复印时注意相邻部分需要留出一定的重叠量。

（7）日常保养。复印机须时刻保持盖板、稿台玻璃、分离带、电极的清洁，每周检查分离、输送装置是否正常，复印量累计超过 2 000 张后须检查显影设备、定影辊、送纸设备、墨盒是否正常；复印效果出现异常时，要重点检查墨盒、定影辊、显影设备是否正常，查看是否需要更换墨盒；复印量累计超过 10 万张后，须请专业人员进行保养。

（二）传真机

（1）设置为自动接收状态，确保纸张充足。为了避免漏接传真，传真机一般设为自动接收状态；要经常检查传真机是否缺纸，确保传真机始终保持工作状态。

（2）发送。传真发送应按操作指南进行，如果在发送过程中想要终止，可按停止键。发送国际传真时，在输入国际电话号码后，按“重播/暂停”键停留 6～10 秒，有利于线路接通。

（3）复印。传真机带有复印功能，一间办公室不必重复配备传真机和复印机。

（4）无人值守功能。如果在非工作时间需要接收重要文件，特别是需要接收时差较大的国际传真，可将传真机设置为无人值守状态。

（5）注意事项。使用传真机需要注意以下事项：一是不要频繁开关机，在工作时间要确保传真机处于通电开机状态；二是不可使用不规范的传真纸张；三是发送传真时注意去掉传真件上的装订针、大头针、回形针等硬物；四是使用传真机复印不宜过于频繁，不宜一次性大量复印。

（三）扫描仪

（1）扫描仪属于计算机外部设备。扫描仪生成的数字图片，需要通过电脑进行处理、传送、储存，也可以通过激光打印机打印输出。

（2）扫描仪需要与图形图像处理软件配合使用。扫描出来的图片输出到电脑之后，需要使用图形图像处理软件（如 Photoshop）进行对比度调整、亮度调整、色彩调整、大小调整、分辨率调整、格式转换等处理。

（3）随着数码技术的不断进步，近年来出现了一种新型扫描设备，即手机终端的扫描软件（App）。这是一种通过手机摄像头拍摄照片，然后通过图形图像处理软件进行几何变形校正、图形图像处理，并直接生成 PDF 文档的软件，使用起来比传统扫描仪更方便、更快捷。其缺点是分辨率不高、成像质量不佳，且无法适应大尺寸打印。目前比较成熟的数码扫描软件有微软的 Office Lens、扫描全能王（CamScanner）、印象笔记（Evernote）。这些扫描软件不但具有扫描功能，还带有文字识别功能，可以识别图片中的文字，并将它复制为文本。

（四）数码相机

尽可能使用全自动拍摄模式，或者使用光圈优先模式。焦点对准拍摄主体，如果是拍摄人像，应对准人物的眼睛、脸部。尽量使用较大的光圈，特别是在光线条件不好的时候，要使用最大光圈，将感光度（ISO）调至自动。将测光模式调整为“评价测光”，不要对准取景框中最亮或最暗的地方测光，而要对准中间亮度测光。同一个拍摄对象可多拍几张照片。端稳相机或使用支架，这一点至关重要。掌握必要的图形图像处理技术，熟悉 Photoshop 等图形图像处理软件的使用。

办公资源的库存管理

实战训练

1. 课堂讨论

（1）办公资源包括哪些种类？

（2）复印机的使用和维护需要注意哪些事项？

办公设备的使用

2. 分析案例，解决问题

3. 实务训练

正常情况下，一台电子计算机或激光打印机每小时耗电约 0.3kW·h，针式打印机耗电量相对较低，每小时耗电约 0.1kW·h。某公司现有电子计算机 1 000 台、激光打印机 200 台、针式打印机 400 台，按照每天工作 8 小时计算，这些办公设备每天需耗电近 3 200kW·h，每月（按 22 个工作日）用电约 7 万 kW·h。

办公室该如何合理利用这些办公设备呢？请为该公司制定办公资源管理制度。

实训目的：

通过实训，明确办公资源使用和管理的流程与工作要求。

实训说明：

阶段	实训任务	要求
分组讨论	1. 本部分实训在授课后进行 2. 把全班同学分成若干小组，小组内讨论各类办公设备的使用方法和注意事项，以及环保节能的技巧 3. 小组内讨论办公资源管理制度应该包含哪些内容	上网查阅办公设备节能环保的案例资料
分析归纳	1. 梳理分析办公设备节能环保的技巧与办公资源管理制度的内容 2. 结合实训背景，归纳办公资源申请、购买、核发、保管、监督等环节的注意事项	能够总结归纳办公设备节能环保的技巧，并概述办公资源管理制度的基本内容；明确办公资源申请、购买、核发、保管、监督等环节的注意事项

4. 课后拓展

参观学校的行政办公场所，分析常用办公设备的管理是否到位。

任务五　办公自动化

任务导入

林丽是总经理秘书，何寒雪是公司新来的前台秘书。林丽在对何寒雪进行培训时说，现在是办公自动化时代，利用办公软件和设备就可以解决几乎所有的办公室工作，实现无纸化办公。然后她问何寒雪有没有学过办公自动化技术，比如电子文稿撰写与编辑、汇报文稿的制作、数据表格的制作等，何寒雪表示自己在学校也学过一些办公软件的操作，但是没有太多的实践经验，也还有很多办公自动化设备没有接触过。林丽对她说只要有基础，好好学习就肯定没有问题，并鼓励何寒雪要多向有经验的同事学习，多看书，同时表示自己会经常指导她。何寒雪听了也信心满满，下决心做好这份工作。

资料来源：陈韵，邹远志，武端理．秘书实务［M］．北京：清华大学出版社，2022：11．

任务提出

何寒雪需要了解哪些办公自动化的知识呢？

任务分析

何寒雪作为办公室前台秘书，需要学习办公自动化的定义和功能、OA 系统、办公软件 WPS 的基础知识，达到能实际利用办公自动化技术和设备来办公的要求，才能更好地完成秘书工作。

必备知识

一、办公自动化的定义及发展

办公自动化（Office Automation，OA）是在设备、通信逐步实现自动化的基础上，随着管理信息系统（Management Information System，MIS）的发展而兴起的一门综合性技术。它是计算机网络与现代化办公相结合的一种新型办公方式，可以实现办公事务的自动化处理，从而极大地提高个人或群体的办公效率，为组织的管理与决策提供科学的依据。

办公自动化
技术介绍

我国的办公自动化经历了三个发展阶段。第一阶段是 20 世纪 80 年代至 90 年代中期，实现了文字与信息处理的转换。在自动化设备的基础上，Word、Excel 等办公软件得到广泛的使用，极大地提高了文字和信息的处理能力。第二阶段是 20 世纪 90 年代中期至 2013 年，在互联网的基础上，形成了完备的办公自动化系统，利用网络实现了流转、审批、管理等功能，打破了空间、时间上的限制，实现了无纸化办公。第三阶段是2013年至今，移动互联网和移动终端（如手机、iPad）的使用，使办公自动化的发展再次实现飞跃。同时，多媒体技术、人工智能技术、大数据技术使移动办公成为常态。

二、办公自动化的功能

办公自动化主要具有以下功能：

（1）图文处理功能：主要是利用计算机实现各种文字的输入、编辑、修改、打印、传送、转换等功能。通过激光照排，可以进一步实现印刷、装订、发行等功能。利用扫描仪、扫描软件等，还可以实现图片处理、图文混合处理、图片与文字的相互转换等功能。

（2）数据（信息）处理功能：在办公自动化环境下，可以实现数据（信息）的检索、统计、制表、修改等功能，特别是在财务管理、人事管理中，可以自动生成各种统计报表，还可以自动打印单据等。

（3）通信功能：在办公自动化的辅助下，通信录管理、邮箱管理、电子会议管理等功能都日益强大，通信管理更加完善。

（4）行政管理功能：行政管理功能主要通过OA系统来实现，其核心是工作流程管理与控制。

（5）多媒体功能：在现代办公场景中，多媒体技术的应用非常广泛，例如闭路电视、视频、音频等被广泛用于现场会议、远程会议和点对点工作交流。

三、OA系统

作为办公自动化体系的中枢和核心，OA系统正在向轻便化、移动化、智能化、交互化方向发展。一般情况下，OA系统至少包括个人管理、流程管理、通信管理、信息管理等功能模块。比如：支持点对点、点对多数据传输，在线查看并处理各种消息及附件信息；执行文件上传下达、审批、会签、转发等功能；进行出差管理、报账管理、时间管理等。

四、WPS综合应用基础

WPS Office（简称WPS）是由金山软件股份有限公司自主研发的办公软件套装，提供办公软件最常用的文字、表格、演示文稿等多种功能模块。它小巧易用，且对个人用户永久免费使用，同时具有内存占用少、运行速度快、云功能多、强大插件平台支持、免费提供在线存储空间及海量文档模板的优点。

（一）WPS文字

WPS文字集编辑与打印于一体，不仅具有丰富的全屏幕编辑功能，而且提供各种控制输出格式及打印功能，使打印出的文稿既美观又规范，基本上能满足各种文件打印需求。

（二）WPS 表格

WPS 表格提供工作簿和工作表的基本操作功能、数据的输入和编辑、数据格式和有效性的设置、单元格的格式化操作、数据的加工和处理以及函数的应用等功能。

（三）WPS 演示文稿

WPS 演示文稿主要提供幻灯片的组织与管理、主题应用、背景设置、文本编辑和应用、切换效果设置等功能。

实战训练

1. 课堂讨论

（1）办公自动化的功能有哪些？

（1）WPS 主要提供哪几种功能？

办公软件学习

2. 分析案例，解决问题

3. 实务训练

中原文化教育有限公司副总经理傅明需要在下周的会议上对新产品研发的可行性进行汇报，他经过广泛的市场调查搜集了大量的相关数据，为了能够清晰直观地说明市场调查的情况和结论，他让何寒雪制作一个演示文稿，准备通过幻灯片的形式在会议上播放以配合自己的陈述。

实训目的：

通过实训，掌握 WPS 的功能，学会制作版式美观、逻辑严密的 WPS 演示文稿。

实训说明：

阶段	实训任务	要求
分组讨论	1. 本部分实训既可在课堂上进行，也可在授课后集中进行 2. 把全班同学分成若干小组，小组内讨论需要在幻灯片中输入哪些文字、图形、图像等媒体信息 3. 小组内讨论所制作的演示文稿采用的逻辑形式（并列或递进）	认真阅读材料，思考、讨论文字、数据等信息的展示方式
实际操作	1. 选择美观的版式 2. 使用不同层次的标题进行分层，标明整个演示文稿的逻辑关系 3. 输入文字、图形、图像等媒体信息 4. 完成之后在“视图”中选中“幻灯片浏览”，看看整体上有没有不协调的地方	高效快捷、版式美观
反思评价	1. 自我反思是否熟悉 WPS 的功能设置 2. 自我反思是否能够在 WPS 中进行演示文稿的制作	记录实训过程

4. 课后拓展

以“魅力之城——×××”为题，介绍自己的家乡。搜集、整理相关素材，利用 WPS 制作演示文稿，配合介绍。

项目五 办公室接待工作

项目概述

接待工作作为办公室的一项经常性工作，是秘书日常事务性工作的一项重要内容。随着企业之间交流的日益频繁，接待工作成为反映企业工作水平的一面镜子，对企业对外树立良好形象、提高美誉度起着重要的作用。因此，能否合理规范、高效优质地接待好各类来访人员，是衡量一名秘书办事能力高低的重要标准。

学习目标

知识目标

1. 了解日常接待工作的程序和类型，以及不同类型接待工作的流程和要求。
2. 掌握团体接待的程序和要求。
3. 掌握接待的各种礼仪知识。

能力目标

1. 能够正确制定合理的接待方案。
2. 能规范有序地做好接待的各项工作，并能灵活处理在接待工作中出现的各种问题。

素质目标

1. 弘扬中华传统待客礼仪。
2. 培养来访活动的组织、策划能力和客人接待能力。

任务一 日常接待

任务导入

早上8点30分，总经理秘书林丽端坐在电脑前开始了一天的工作。

公司总经理董关礼经过，询问林秘书今天上午有几位客人，林秘书查看预约本后汇报，上午10点有1位客人。董总点头确认已知后，对林秘书说上午他有一项重要工作，除了已经预约过的客人，如果不是特别重要的人，就不要安排约见了。

9点30分，公司来了一名男性中年客人，他掏出名片，自我介绍说是某公司负责市场的副总经理，希望能与总经理见面，商谈近期要举办的一次商务会展服务事宜。林秘书知道公司已经有了意向性合作伙伴。

10点，预约过的客人如约而至。

10点30分，林秘书接到前台何秘书电话，说来了一位会展活动赞助合作商，这位合作商没有预约，也不清楚具体找哪位领导，询问总经理是否有时间接待。

11点，又来了一位男士，一进来就问总经理在不在，说是原本约定的时间为下午，因行程临时有变，改为上午拜访。

任务提出

林丽应该如何安排这四位来宾的接待事宜？

任务分析

办公室日常接待工作要求秘书有良好的职业素养和心理素质，具备一定的观察力、判断力和临场应变能力，对于不同客人的要求能够迅速做出反应。来访的客人有预约和未预约两种情况。预约接待应严格按照规范的接待程序进行，讲究礼仪、态度热情，整个接待过程有条不紊、细致周到，使来访的客人满意而归。非预约接待则有很大的机动性，没有很多的准备时间，主要靠秘书的临场应变，这就给秘书的接待工作带来了较大的挑战和压力。秘书首先应对来访的客人进行耐心的询问，掌握情况、明确来意后，立即向上司请示。在整个接待过程中秘书要做到委婉、得体、尊重、体贴。

有些来访者是领导不愿意接见或暂时没有时间接见的，对于这些客人，秘书既要学会巧妙挡驾，以免给领导增添不必要的麻烦，又要尊重客人，充分展示公司形象和个人素质。可以找借口婉拒来访者，但是在向对方表明原因时一定要注意言辞礼貌、客气，不可生硬地一口回绝对方，给客人留下不好的印象。一般可以借口说领导不在办公室或正在开会，建议对方预约下次见面的时间，先留下联系方式，等领导回来后及时告知，待领导决定后及时通知对方。

要做好日常接待工作，娴熟、练达的接待技能是一方面，但更重要的是要有良好的服务意识和不厌其烦、时时为来客着想的工作态度。

必备知识

一、亲切迎客

当看见来访者进来时，秘书要停下手头的工作，点头微笑或打招呼，如“您好”。接待的过程不仅能体现出秘书的素质修养，也是展示组织形象的契机，这就要求秘书在接待过程中不仅要情真意切，还要举止规范大方。

二、热情待客

秘书可根据来访的客人是否有预约，将接待工作分为预约接待和未预约接待。

（一）预约接待的流程和要求

为了节省时间、提高工作效率，现代职场人士在进行商务拜访时更倾向于提前与要拜访的对象约好时间、地点，对此类预先约定后到访的客人进行的接待活动，称为预约接待。预约接待的工作流程一般分为以下几个步骤。

微课：办公室不同客人的接待流程

1. 接待前的准备

对预约的客人，在会见前夕便要做好以下准备工作：跟对方确认约见的时间；根据客人身份及来访事由，确定接待室；做好接待室的相关布置；适时提醒领导；做好其他相关准备工作。

2. 礼貌热情待客

预约的客人来访时，应综合考虑以下几种情况：

（1）领导已在等待对方。此时秘书可对客人说“××先生/女士您好，我们董总正在等您，请随我来”等，这样既能确认对方身份，也能表明己方热情、诚恳的态度，同时又能让对方明确所要去的地点。如果领导要亲自出来迎接，可先请对方在座椅上稍候。

（2）对方按时抵达，但我方领导前一个会谈还未结束，或参加临时会议未散会。此时可用电话或纸条向领导请示，根据领导的指示安排会见时间。切记要向对方表示歉意，如“对不起，董总因故要晚来一会儿，您请稍候”，然后热情有礼地将对方带到已预备好的会客室，并送上茶水。如我方原定人员因故无法接见客人，要向对方致歉，并联系其他领导出面商谈。

（3）领导意外取消约见。秘书有时会遇见一些棘手的情况，如对于已经预约的客人，领导临时有事取消了约见。这时秘书要采取补救方法，向客人真诚致歉并说明原因，看能否改由其他相关人员接见，或是向客人说明近期领导方便的几个时间段另约时间，或是约定时间由己方亲自登门拜访。

（4）对方提前或延迟抵达。客人提前到达时，秘书和客人打过招呼后，要及时和领导联系，若领导有空，在其许可后安排提前接见；若领导不便即时接见，则请对方稍坐，并提供茶水、报纸等。客人延迟抵达而领导又一直在等对方时，要热情上前迎接并说：“您好，我们董总一直在等您，请随我来。”如果领导此时没空，则根据领导意向安排其他接待时间。

3. 接待中的服务工作

（1）为宾主介绍。进入接待室后，秘书应为初次来访的客人和领导做介绍，首先把领导介绍给客人，介绍时要注意讲清楚双方的姓名和职务。在介绍的过程中双方一般会握手致意或递送名片。

（2）请客人就座。引领客人入座，座次的安排一般是采用面门定位法，即以大门为参照物，面向大门，座次远高近低。如果与门等距离，按照国际惯例是“以右为尊”；若客人是内宾，也可以按照我国“以左为尊”的传统来安排座位。

（3）送上茶水。在领导和客人入座后，要送上茶水。端递茶水时，注意要使用托盘，切勿用手直接接触杯子边缘。

（4）适时告退。退出接待室关门时不要背对客人，应以倒走的方式退出。退出时用目光扫视一下接待室里所有的人，看看他们是否还有其他需求。

（5）添加茶水。在领导与客人交谈时，应在适当的时候添加茶水。如果接待室的门关着，进去时应敲门，并配以“对不起，打扰了”之类的礼貌用语。

（二）未预约接待的流程和要求

对没有预约而临时拜访的客人进行的接待工作，称为未预约接待。秘书人员进行未预约接待时，应首先客气地询问客人的来访目的，再结合实际的情况和自己的接待经验，确定合适的处理方式。

1. 礼貌迎接

即使客人未预约，也要礼貌问好，做到让客人觉得亲切。如：“女士，您好！欢迎您的来访！”“先生，您好！我能为您做些什么?”如果秘书认识客人，则要准确称呼对方。

2. 灵活应对

即使领导有空，也不能贸然把客人直接带到领导办公室，而应先客气地问明对方姓名和来意，一定要避免用“你找谁?”“你有什么事?”等生硬的询问方式，切记要礼貌询问，同时综合考虑以下几种情况：

（1）确实应该由领导亲自接待的重要客人（如领导熟识的上级、客户、亲属、朋友等），或有重要、紧急事务者，在初步接待后，应尽快为其安排会面时间，或立即通知领导，按领导的指示处理。

（2）应该由领导接待，但事情不是非常紧急，领导目前又没有时间接待的，可以诚恳地与客人协商另外的会面时间。

（3）对于不需要领导出面就能解决问题的客人，应热情地把他们介绍到有关部门为其处理问题。

（4）对于上门的推销员，可让对方与采购部门联系，或者让对方留下名片和产品说明书，告诉他自己会转告领导，需要的话会与其联系。

（5）对于怒气冲冲前来批评指责或是脾气暴躁的客人，一方面要耐心倾听，礼貌接待，切不可以语相激，致使事态恶化；另一方面要快速寻找解决办法，向对方表示会尽力帮助解决问题，抱着认真、真诚的态度，使对方感觉到你是真心实意为他着想的，使事态得到缓和。

（6）对于不受欢迎的客人，如胡搅蛮缠者、多次前来寻求赞助者等，也要以礼相待，以显示出自己的涵养和礼貌。可委婉而坚决地劝他们离去，也可根据客人的意图，请公司有关人员做必要的解释。对于个别无理取闹者，必要时，在得到领导同意的情况下，可与有关部门取得联系，争取他们的帮助，以防止无理取闹者做出破坏性行为或将事态扩大。

微课：接待中的“挡驾”艺术

三、礼貌送客

客人离开时要礼貌送客，表情自然，言行统一，同时需要注意以下事项：

（1）客人提出告辞时，秘书要等客人起身后再站起来相送，切忌没等客人起身，自己先于客人起身相送。

（2）客人离开时，秘书不应端坐在办公桌前，嘴上说再见，而手中忙着自己的事情，甚至连眼神都没有转到客人身上。

（3）当客人带有较多或较重的物品时，帮客人提到车上。

（4）可以用合适的言辞送别，如“谢谢您的拜访”“欢迎下次再来”等。

与接待有关的政策规定

实战训练

1. 课堂讨论

对来到公司的每一个人秘书都应该视如贵宾、有求必应，并安排与领导的会面吗？

2. 分析案例，解决问题

来宾接待

3. 实务训练

根据“任务导入”中的材料，模拟演练林丽接待来宾的过程，找出不足，并加以改进。

实训目的：

通过实训，提升处理各种接待工作的能力。

实训说明：

阶段	实训任务	要求
分组讨论	1. 本部分实训既可在课堂上进行，也可在授课后集中进行 2. 把全班同学分成若干小组，小组内讨论秘书人员应该如何做好各类客人的接待工作 3. 提出有效建议，并举例说明	学生全员参与，教师随机指导讨论，15 分钟
模拟演练	在各组充分酝酿、练习的基础上，每组选出 2～3 名学生分别扮演秘书和客人，模拟演练接待任务	15 分钟
成果展示	请 2～3 组学生代表上台演练	每组 5 分钟
总结评价	1. 教师组织学生共同评议，找出各组在接待方面的优点和不足，以期以点带面、触类旁通 2. 教师总结	15 分钟

4. 课后拓展

来宾接待实训评分表

当有不熟悉的客人来访并询问领导或同事手机号码时，秘书应该如何应对？

任务二 团体接待

任务导入

下个月河南郑州国际会展中心将举办文具及办公用品展销会。届时，国内许多文具制造企业都将派代表参加。中原文化教育有限公司作为本次展销会的承办单位之一，负责在展销会期间接待10个参展团队，总经理董关礼要求秘书林丽提前谋划，做好接待工作。

任务提出

对于此次展销会的接待工作，林丽需要考虑哪些因素？请根据接待的要求合理制订接待计划。

任务分析

团体接待涉及的内容较多且复杂，秘书需要了解确定接待规格的方法，熟悉制订接待计划的工作程序，掌握迎送礼仪、乘车礼仪、宴请和用餐等礼仪，协助做好参观工作，根据来访目的和人员情况适当安排游览、娱乐等活动。秘书制订的接待计划经领导审批通过后，即可开始筹备相关事宜，如购买或制作礼品，预订餐食，沟通、协调有关部门和人员，安排接站（接机），或是代为购买返程机票（车票）等。团体接待也是锻炼秘书公关与交际能力、展示个人素养、塑造组织形象的良好机会。

必备知识

团体接待是在接待工作中经常会遇到的一种情况，它比一般的个人接待要求更高，不管是接待之前的计划制订，还是接待过程中的各种服务，都需要办公室秘书具备更加专业、全面的技能和素养。

一、整理汇总来访团队信息

要想做好来访团队的接待工作，秘书首先要与对方联络人提前沟通，收集并整理汇总来访团队信息。所要收集的来访团队信息主要包括以下几个方面的内容：

（1）来访团队成员的基本情况。确定来访团队成员的国别或地区、所代表的机构或组织、姓名、性别、年龄、身份、职务、民族等。

（2）来访团队的来访目的和意图。提前沟通，了解和掌握来访团队的来访目的和意图，是秘书合理制订接待计划的前提。

（3）来访团队抵达和离开的具体时间及日程安排。及时掌握对方抵达和离开的具体时间、乘坐何种交通工具，以及是否需要接站。

二、确定接待规格

（一）接待规格的形式

在进行团体接待工作时，秘书要能够根据来访团队成员的身份和来访团队对己方的影响确定接待规格。接待规格是从主要陪同人员的角度而言，一般分为高规格接待、对等接待和低规格接待三种形式。

（1）高规格接待：主要陪同人员比客人职位高的一种接待形式。高规格接待表明对被接待一方十分重视和友好。

（2）对等接待：主要陪同人员与客人的职位、级别大体相同的一种接待形式。对等接待是最常用的接待规格。

（3）低规格接待：主要陪同人员比客人职位低的一种接待形式。低规格接待常用于基层单位。

（二）影响接待规格的因素

秘书首先要了解客人的身份和来访目的，据此确定由谁出面接待比较合适。接待规格的最终决定权在领导手中，秘书仅提供参考意见。

影响接待规格的因素主要有以下几种：

（1）对方与己方的关系。当对方的来访事关重大或己方非常希望与对方建立良好的关系时，通常采用高规格接待。如小公司对希望合作的大公司的来访接待。

（2）突然的变化。一些突然的变化会影响到既定的接待规格。如领导生病或临时出差，只得让他人代替，致使接待规格降低。遇到这类情况，应提前向客人解释清楚，表示歉意。

（3）客人以前接待过。对以前接待过的客人，接待规格最好不要低于上一次的标准。

三、制订接待计划

（一）草拟接待计划

接待计划具体包括以下内容：

（1）主要陪同人员。根据接待规格确定主要陪同人员。

（2）其他陪同人员。这主要涉及接待小组成员。

（3）住宿地点、标准和房间数量。根据客人的职务、性别及人员数量等情况预订好房间。

（4）宴请地点、标准、人数。根据主要陪同人员和客人职位确定宴请档次和菜单，依据陪同人数和客人人数确定桌数和席位。

（5）会谈地点和参与人员。根据来访目的确定会谈地点，并通知相关技术人员、管理人员做好准备。

（6）参观线路、游览地点及陪同人员。会谈之后，接待一方可陪同客人参观本单位相关部门或特色部门，还可根据需要陪同对方游览本地风景名胜，以尽地主之谊。

（7）日程安排。根据对方来访天数和主要活动，安排来访期间上午、下午和晚上的活动内容、顺序与持续时间。日程安排包括工作事项、地点、起止时间、负责人、参加人等。

（8）经费预算。团体来访接待工作内容较多，牵涉多方人员，必然会产生多方面的费用。接待经费预算主要是根据接待规格、人员数量、活动内容等做出的费用预算。接待期间的主要支出项目包括：工作经费（如文件制作印刷费、场地租借费、设备租用费等）、餐饮费、交通费、游览娱乐费、礼品费及其他费用等。

微课：接待方案的写作

以上接待计划的内容，秘书可根据主管领导的意见酌情添加或删减。

（二）与本单位相关部门沟通情况

团体来访往往涉及有关部门和人员，如车辆服务部门、餐饮服务部门及具体的业务部门等。秘书要事先与相关部门和人员沟通，确定所用车辆、会谈和参观时间、陪同人员等。

（三）与来访一方沟通情况

日程安排初步定好后，秘书要将接待计划报给来访一方，征询他们的意见，看是否需要改动或补充。如对方提出修改意见，一般要尊重对方的意见。如果对方的要求难以达到，则要如实向对方解释清楚。

（四）报请领导审批

接待计划是由秘书草拟的，但是否遵照执行还需要经过领导审定。接待计划一经双方认可并经领导批准，一般不再改动。

四、团体接待的准备工作

接待计划确定下来后，秘书就可以开始进行前期准备工作了。团体接待的准备工作如下。

（一）人员确定

接待人员涉及主要陪同人员、其他陪同人员和工作人员。主要陪同人员由己方负责此次接待的领导担任，负责会谈、用餐招待、参观陪同等具体工作，秘书协同主要陪同人员做好准备、沟通联系、后勤等具体工作。此外，宴请、参观所涉及的部门和人员，秘书要负责通知和联系。工作人员主要是负责迎送、用餐服务（若单位内部宴请）等的人员。

（二）场地确定

场地确定主要包括会谈场所确定及用餐地点预订。

（1）会谈场所确定。一般而言，来访单位和人员较少、涉及业务口的接待宜安排在单位内部，提前确定并办理场地使用手续。若是来访单位和人员较多、联谊性或年会性的接待，可联系、预订外部场地。

（2）用餐地点预订。当自身不具备宴请条件、安排在外宴请时，则需考虑餐馆档次、菜肴派系和用餐环境等因素。菜单要结合宴请的形式和档次、客人身份、时间和季节，以及客人的喜好和禁忌来拟定。当然，还应考虑宴请预算，做到丰俭得当。宴请菜单应有冷有热、有荤有素、有主有次，兼顾常规与地方特色。此外，所预订餐馆的看家菜、特色菜、招牌菜也可考虑在菜单之列。

（三）活动安排

1. 会谈安排

确定会谈的日程、时间、地点和参加人员等，并准备好有关的资料和文件。

2. 参观线路安排

秘书在安排参观线路时，应考虑以下问题：

一是要与客人来访的目的相一致。例如，对方是为了引进某个项目而来访，安排参观的地方就应是相关的厂房、实验室等，让客人身临其境，而库房、资料室等不相关的地方就不必安排。

二是不影响企业正常的工作及生产。参观虽然可使来访人员直观地感受到公司的氛围、了解公司的产品，但要以不影响公司正常的工作和生产为前提。

三是避免泄露单位机密。在安排参观时，要有保密意识，明确本单位、本部门涉密、保密工作范围。对各种可能失、泄密途径，要事先加以防范，如禁止拍照、摄像；技术指标、配方等不宜讲得具体、透彻；参观线路要避开工艺流程、重要技术、关键图纸等。

3. 娱乐或游览安排

如果有时间、有需要可以安排一些娱乐或游览活动。娱乐活动可以分为观看项目和参与项目。音乐会、话剧、京剧、芭蕾舞剧、博物馆等，属于观看项目；高尔夫球、台球、唱歌、跳舞等，属于参与项目。喜静的客人可安排其欣赏京剧、地方特色曲目等高雅的活动，爱好运动的客人可安排其打高尔夫球或跳交谊舞等。在安排这些项目时，要提前与陪同人员联系，预订好门票。若时间充裕，还可安排客人游览当地特色景观。

（四）相关物品和工具准备

准备好与接待有关的物品和工具，如赠送对方礼品的购置、资料的整理和印制，以及迎送或外出游览交通工具的预订等。

（五）经费预支

设宴招待、礼品购置、外出游览等都需要经费支持，这需要秘书提前与财务部门联系，预支现金或支票。

实战训练

1. 课堂讨论

在团体接待中，安排客人住宿应该考虑哪些问题？

2. 分析案例，解决问题

3. 实务训练

根据“任务导入”中的背景材料，列出团体接待的程序和应考虑的有关情况。

团体接待

实训目的：

通过实训，提高处理团体接待中突发情况的能力。

实训说明：

阶段	实训任务	要求
分组讨论	1. 本部分实训既可在课堂上进行，也可在授课后集中进行 2. 把全班同学分成若干小组，小组内讨论在团体接待工作中可能出现的问题 3. 针对突发情况，提出合理的处理方式	学生全员参与，教师随机指导讨论，15 分钟
模拟演练	各组在充分讨论、分析的基础上，进行角色扮演，模拟进行团体接待	15 分钟
成果展示	请 2～3 组学生代表上台演练	每组 5 分钟
总结评价	1. 教师组织学生共同评议，找出各组在应变能力方面的优点和不足 2. 教师总结	15 分钟

4. 课后拓展

以小组为单位，以“团体接待工作中突发事件的处理”为主题，安排学生到附近的写字楼随机采访工作人员，进行汇总分析。

团体接待实训评分表

任务三 接待礼仪

任务导入

办公室张主任让何寒雪负责接待来访的客人和转接电话。一天，有一位与副总经理傅明约好的客人提前 20 分钟到达，何寒雪马上通知办公室秘书王丹，王丹说傅总正在接待一位重要客人，请对方稍等。何寒雪转告客人说：“傅总正在接待一位重要客人，请您稍等。”正说着电话铃又响了，何寒雪匆匆用手指了一下椅子，便连忙去接电话了。接完电话，何寒雪看到还在站着的客人，连忙说：“哥，您请坐。”然后又招呼道：“哥，你吃饭了吗?”客人看了何寒雪一眼，有点摸不着头脑，但还是回答说：“吃了。”“哦。”何寒雪开始低头处理手头的事情。

过了几分钟，何寒雪想起了入职培训时学习的待客之道，赶紧起身为客人冲了一杯咖啡。客人说：“谢谢！我不喝咖啡。”何寒雪摸了摸后脑勺，说：“哦。”

20 分钟后，秘书王丹打来电话，说傅总已经忙完，可以请客人到办公室了。何寒雪赶紧告诉客人：“傅总忙完了，你可以去找他了。”客人问：“傅总的办公室在哪里?”何秘书答：“在 5 楼，具体门牌号你上楼问一下。”客人一脸不悦地向电梯走去。

任务提出

客人为什么一脸不悦？何寒雪在接待礼仪方面存在哪些问题？

任务分析

在商务活动及各种正式场合中，接待礼仪是展示员工及公司形象的重要途径。这是双方交往的开始，也是建立良好关系的前提。何秘书在接待客人时没有注意接待工作的礼仪要求和细节，以下几方面做法欠妥当：告知客人傅总正在接待“重要”客人，容易让客人产生自己不重要的错觉；用手随意指向椅子，从接待的肢体语言来说不够尊重客人；称呼上喊“哥”很不恰当，问候客人“吃饭了吗”会让人感觉很老套或有打探他人隐私的癖好，容易引起客人的反感；在为客人准备饮品时没有先征询客人的意见，直接冲了咖啡，既没让客人满意又造成了浪费；客人第一次来拜访，既没有引导客人前往副总经理的办公室又没有告知准确的地点，使客人很不满意。前台秘书是展示公司形象的窗口，是不允许出现以上这些失误的。

秘书一般是客人最先见到的公司成员，秘书的形象直接影响着客人对公司形象的判断。因此，秘书要进行规范的礼仪培训，在接待来访者时要做到热情礼貌、周到大方、平等对待，主动为客人提供各种必要的服务。

必备知识

接待人员代表了单位的形象，要求具有一定的文化素养、经过专门的礼仪培训，并且品貌端庄、举止大方、口齿清晰。

一、服饰妆容礼仪

接待人员的妆容要求整洁端庄，以淡妆为主，头发要整洁，手部要干净，忌浓妆艳抹、香气过浓。女性接待人员宜着套装或套裙，略施淡妆，这样显得比较隆重、正式；男性接待人员宜穿西装或制服。

二、日常见面礼仪

日常见面礼仪涉及致意与问候、称呼与介绍、握手与收递名片等几个方面。

微课：接待礼仪

（一）致意与问候

致意是一种用非语言方式表示问候与尊敬之意的礼节，也是最常用的一种礼节。致意时应该表情和蔼、诚心诚意；不可面无表情或精神萎靡，否则会给人一种应付了事之感。致意的次序一般是：下级先向上级致意，晚辈先向长辈致意，男性先向女性致意，主人先向客人致意。致意的方式很多，如微笑、点头、举手、躬身、起立、脱帽等，针对不同场合、不同对象，可以单用一种，也可几种并用。

问候是用语言表达友好与敬意的一种见面礼仪，可以直接说“你好”“早上好”，也可以用“称呼＋问候语”的方式来问候，如“董总，下午好”“王处长，晚上好”。路遇同事、上司时应主动问候，这是秘书为人处世的一种基本礼貌。一般情况下，问候与致意应一起使用，次序与致意一样，内容也因对象、场合、时间、地点的不同而不同。

（二）称呼与介绍

1. 称呼

称呼是一种非常重要的礼仪。在商务活动及各种正式场合中，对人的称呼一定要准确，它能够表明双方的关系和身份，以及你的态度。

在比较正式的场合，常用的称呼方式主要有以下几种：

（1）泛称。对男性的称呼：在社交场合、公共场合，对男性都可用“先生”这个称呼；对于从事体力劳动的男士，用“师傅”更容易被接受；在我国的党政机关内，称“同志”更合适。对女性的称呼：对于成年女性可称呼“女士”，这种称呼在商务交往、公关活动和国际交往中使用较普遍；在社交场合，未婚女性称“小姐”，已婚女性称“夫人”或“太太”，“夫人”是尊称，适用于正式场合，“太太”则适用于一般场合。

（2）姓＋职业、职称或学衔。如：“李医生”“张教授”“刘博士”。

（3）姓＋职务。在商务活动中，这种称呼的使用是最普遍的。如：“董总经理”“张部长”“刘主任”等。

2. 介绍

介绍可分为自我介绍、他人介绍和为他人介绍三种。与对方第一次见面时，我们需要把自己的情况介绍给对方。作为商务人员，我们还要经常在各种场合充当介绍人，规范、得体地介绍别人。

（1）自我介绍。自我介绍的内容要根据交往的场合、目的、对象的特点等实际情况来确定，一般包括自己的姓名、身份和所在单位等。自我介绍应谦虚、简明。

（2）他人介绍。他人介绍是指在社交场合由他人将你介绍给另一个人。当你很想结交上级领导或商务活动中的重要人物，但不方便去做自我介绍时，可找一个既认识自己也熟悉对方的人来介绍，采用这种介绍方式更容易建立信任感。

（3）为他人介绍。为他人介绍是指作为中间人为所认识的双方做介绍，这要求介绍人对双方的情况都比较了解。由谁来充当介绍人也是有讲究的。一般情况下，介绍人由单位专门负责此事的工作人员，如秘书、办公室主任、公关人员担当。若来访者身份较高，一般由东道主一方在场人士中身份最高者来介绍，以示对被介绍者的重视。

在为他人介绍时，先介绍谁、后介绍谁是一个比较敏感的问题。在商务交往中，应该遵守“尊者优先”的原则，即尊者有优先知情权。先把位低者介绍给位高者，后把位高者介绍给位低者，以便位高者优先了解对方的情况。国际上公认的为他人介绍的顺序是：先将职位低的人介绍给职位高的人；先将年轻者介绍给年长者；先将男性介绍给女性；先将主方介绍给客方；先将晚到者介绍给早到者。

（三）握手与收递名片

1. 握手

握手是一种常见、通用的礼节。它看似简单而平常，但握手的方式、时间长短、用力大小、面部表情等往往能传达出你对对方的态度，稍不注意，就会给个人或集体带来负面影响。握手之前要审时度势，选择恰当的时机行握手礼。

（1）握手的准确方式：注视对方，微笑致意，距离受礼者约一步，上身稍向前倾，两足立正，伸出右手，四指并拢，手掌或手指用一点力握住对方的手掌，微微抖动 3～4 次，然后松开，时间通常以 3 秒钟左右为宜。

（2）握手的顺序：握手的顺序应根据双方的社会地位、年龄、性别及宾主身份来确定，一般遵循“尊者决定”的原则，即握手的主动权掌握在“尊者”手中。具体如下：上下级之间，上级先伸手；长辈与晚辈之间，长辈先伸手；女士与男士之间，女士先伸手；主人与客人见面时，主人先伸手；客人与主人道别时，客人先伸手。对于不想握手或不习惯握手的人，可以点头、欠身或鞠躬致意；若对方主动、热情地伸出手来，应立即回握，拒绝别人的握手是很失礼的行为，也会极大地伤害对方的自尊。

2. 收递名片

名片主要做自我介绍和建立联系之用，也可用于简单的礼节性通信往来，表示祝贺、感谢、辞行、慰问等。名片的递送要讲究礼仪，通常是在自我介绍或被别人介绍后出示。

（1）接受名片的方法：接受他人递过来的名片时，应赶快起身，面带微笑，用双手拇指和食指接住名片下方的两角，并说“谢谢”，随后应有一个微笑阅读名片的过程。阅读时可将对方的姓名、职衔念出声来，并抬头看看对方的脸，使对方产生一种受重视的满足感。然后，回敬一张本人的名片，如身上未带名片，应向对方表示歉意。

（2）递送名片的方法：递送名片的顺序没有太严格的规定，一般由职位低的人先向职位高的人递送，来宾先向主人递送，晚辈先向长辈递送，男士先向女士递送。当同时与多人交换名片时，应按照职位由高到低的顺序递送，或者由近及远依次递送。

三、方位及引导礼仪

凡两个及两个以上的人在一起行走、站立、就座时，都有一个方位次序，谁在左边、谁在右边，谁在前面、谁在后面，都有一定的原则，那就是“中间为尊”“前排为尊”“以右为尊”。

与客人同行时，通常走在客人的左前方约一步远的位置，为便于与客人交谈，还应将身体稍向右侧转。行进过程中应随机找一些话题与客人攀谈，以免一路过于沉寂、尴尬。走到路口或走廊拐角时，要伸出右手向客人示意走向，并口头提示“请这边走”。

四、座次礼仪

（一）主席台座次

主席台上的座次安排与其他场合的座次安排有所不同，它是按“中间为尊”“以左为尊”的原则来确定的。“中间为尊”就是职位最高者居中，然后按“以左为尊”的顺序依次向两边递延，也就是左、右两个人中，先左后右、左高右低。这是我国传统的“以左为尊”观念的体现。

（二）会见座次

会见、会谈、接待、拜访等许多场合都涉及座次问题，我们都按“以右为尊”的国际惯例来安排。但由于会客室桌椅摆放方式各不相同，所以其体现方式也不尽相同。

各单位的会客室大小不一，门所在的位置、方向也不相同，这些都影响了桌椅的摆放方式。一般来说，主要有以下几种方式：并列式、相对式、自由式。

（1）并列式。并列式是指主、客双方并排面对门而坐，门通常在主、客的正前方。会见时第一主人应该请主宾坐在他的右侧（上座），双方的其他人员则按身份高低依次排列就座，翻译或记录人员可在两边或后侧就座。

（2）相对式。相对式是指主人与客人相对而坐。这要依据门的位置来安排座次。离门远、面对门的一侧是上座，离门近、背对门的一侧是下座。应该让客人坐在离门远、面对门的上座。具体还要根据门的方位与桌子的摆放方式来确定上座和下座。进门后桌子横摆，那么离门远、面对门的是上座，应该让客人坐。进门后，桌子竖摆，即桌子的较窄一侧面对门的时候，以进门后面对桌子较窄一侧时右手一边为上座。

（3）自由式。自由式即宾主自由选择座位，不排座次。这种排位方式通常用于宾客比较多，不便于排座次时，或者宾主双方关系比较密切，不需要排座时。这种座次方式也能营造出一种轻松的谈话氛围。

（三）乘车座次

商务人员在接待工作中常常需要为宾客安排乘车事宜，乘车座次的安排也是体现秘书工作是否周密以及对来宾的尊重程度的一个重要方面，因此不可小视。

由于各国交通规则不同，因此在不同的国家，轿车座次礼仪也不相同。比如英、美等国车辆靠左行驶，我国则靠右行驶。以我国为例，轿车的座次原则如下：右高左低，后高前低。另外，情况不同，也有不同的安排。我们既要按原则办事，又要尊重他人的选择。

（1）驾驶者是专业司机。双排五座轿车，除司机外，其他人员由高到低座次依次为：后排右座、后排左座、后排中座、副驾驶座，如图 5－1 所示。若非常讲究座次的话，则后排只坐两人，如图 5－2 所示。

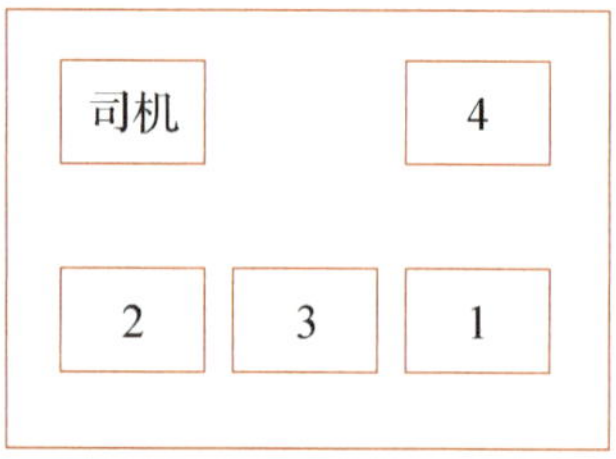

图 5－1　驾驶者是专业司机时的座次（一）

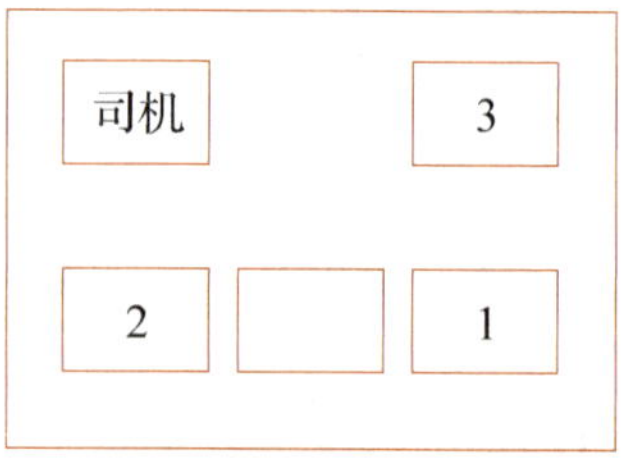

图 5－2　驾驶者是专业司机时的座次（二）

（2）驾驶者是主人。当主人开车时，双排五座轿车，除主人外，其他人员由高到低座次依次为：副驾驶座、后排右座、后排左座、后排中座，如图 5－3 所示。主宾应坐在前排副驾驶的座位，与身份相当的主人并排而坐，也表示对主人的尊重。若非常讲究座次的话，则后排只坐两人，如图 5－4 所示。

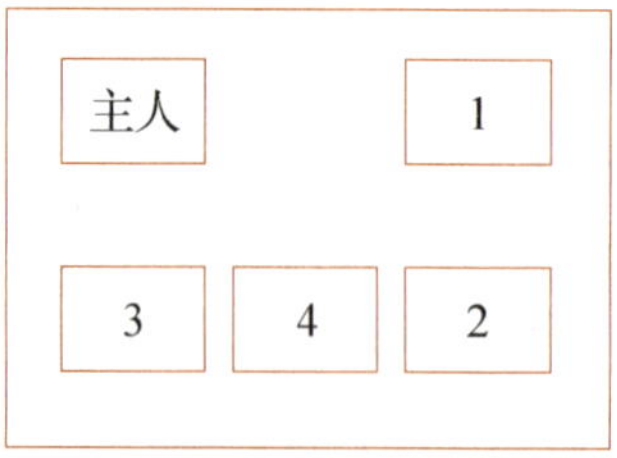

图 5－3　驾驶者是主人时的座次（一）

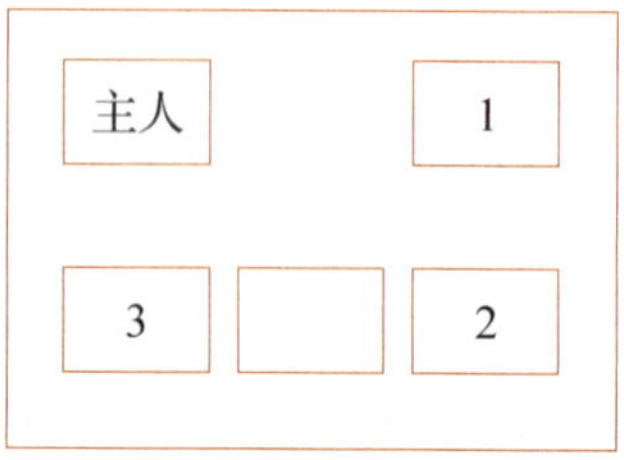

图 5－4　驾驶者是主人时的座次（二）

五、用餐礼仪

宴请一般在双方初次见面或来访结束时进行，可安排午餐或晚餐，一般以晚餐为正式。宾主双方均按职位排列座次就座。

（一）正确使用餐具

不要用筷子在菜盘里挑挑拣拣；不用嘴吸吮筷子；夹菜不滴洒；不拿着筷子在各碟菜中来回移动而不取食；不与别人的筷子在菜碟中相截；不用自己的筷子为客人夹菜（可用公筷）；说话时不拿着筷子比比画画，不将筷子竖插在米饭、菜肴之上（民俗中祭祀的做法）等。

（二）注意席间礼节

主人动筷后客人再动筷；在餐桌前坐下后，手要放于大腿上，不能玩弄餐具；吃饭时不发出声响；不站起来夹菜或跨过别人的筷子去夹另一道菜；嘴里含有食物时要咽下后再说话；剔牙时一定要用餐巾或手加以遮挡；若控制不住要打喷嚏，一定要背向或侧向别人，事后对旁边的人表示歉意等。

实战训练

1. 课堂讨论

在工作环境中，对领导、同事、客户等不同的人，应如何根据环境正确称呼？

2. 分析案例，解决问题

3. 实务训练

请根据右边二维码案例，学生每 5 人为一组，一人扮演何寒雪，一人扮演领导，两人扮演部门同事，一人扮演李景，模拟见面接待礼仪。

日常称呼礼仪

实训目的：

通过实训，学会灵活运用接待礼仪，提升接待活动中的语言艺术。

实训说明：

阶段	实训任务	要求
分组演练	1. 本部分实训既可在课堂上进行，也可在授课后集中进行 2. 各小组进行接待礼仪模拟演练	学生全员参与，教师随机指导讨论，15 分钟
班内会演	多次演练，选出比较出色的两个组在班上表演	20 分钟
总结评价	1. 教师组织学生共同评议，找出各组接待礼仪的优点和不足 2. 教师总结	20 分钟

4. 课后拓展

组织学生参与校内活动接待工作（如担任职业技能大赛服务志愿者），全方位体验接待工作的各环节，进一步提升接待能力。

接待礼仪实训评分表

项目六 会务工作

项目概述

人们常说，秘书工作主要是“三办”——“办文、办会、办事”，可见会务工作是秘书的主要工作之一。会议只有科学高效地进行，才能顺利地开展工作、解决问题，而作为会议的组织者——秘书，就必须掌握会议的相关知识，尤其要掌握会前、会中和会后的工作流程及具体内容与要求。

学习目标

➢ 知识目标

1. 熟悉秘书会前、会中、会后工作的基本流程和具体内容。
2. 熟悉秘书会务工作的操作规范和要求。

➢ 能力目标

1. 能够根据会议要求做好会前筹备工作。
2. 能够做好会务组织、服务和协调工作。
3. 能够完成会后扫尾、总结等工作。

➢ 素质目标

1. 培养忠于职守、精益求精、以人为本的职业道德素养。
2. 养成认真、细致、规范、周全的会务工作习惯。

任务一 会前筹备

任务导入

温暖是中原文化教育有限公司的办公室文员。这天上午，领导对温暖说下个月初的市场营销会议由她主持，让温暖做好会议准备工作。这是温暖第一次筹备会议，她没有头绪，在办公室资深秘书陈文的帮助下，她列出了需要做的准备工作清单：

（1）确定会议场所。

（2）列出会议日程安排表。

（3）草拟会议通知。

（4）确定会议议题。

（5）准备会议资料。

（6）确定会议人员。

（7）确定会议时间。

任务提出

上述各项准备工作在时间先后上有没有问题？请你按正确的时间顺序重新排列各项工作。另外，哪些会务工作需要与领导商定，哪些可以按照常规由秘书自己决定呢？

任务分析

“会务”，从字面上讲，是“会议事务”的简称，它包括会议的会前筹备、会中服务与管理和会后总结等工作。无论开展何种会议的会务工作，总的要求都是充分准备、严密组织、服务周到、确保安全。其中，会前筹备是一项复杂的工作，它是决定会议能否顺利、成功举办的一个重要环节，会务工作人员必须以高度的责任心做好会议的筹备工作。

温暖所列的清单基本涵盖了会前筹备的各项工作，但还缺乏清晰的条理。会前筹备工作首先要明确会议内容，具体包括：和领导确认会议议题、参会人员、会议时间、会议场所等；其次要制定会前文件，包括会议日程安排表、会议通知等。在准备会议的过程中，温暖需要明确各项工作的先后顺序和重要性，同时和领导保持密切沟通，这样才能确保会议顺利进行。

必备知识

一、明确会议内容

（一）确定会议议题

会议所要讨论的核心内容即为议题。大、中型会议的议题，由会议领导机关或领导个人提出；代表大会的议题，需通过法定程序确定；日常会议的议题，由分管某项工作的领导提出。会前要确定明确的会议议题，一次会议的主要议题不宜过多。秘书要提早收集议题并进行筛选分类，安排会议所要研究或解决的议题内容，并拟订解决这些议题所暴露出来的问题的方案，以供领导决断。

微课：会议的构成要素

（二）确定会议名称

会议名称的基本作用在于揭示会议的内容、性质、范围等重要特征，要根据会议议题来确定会议名称。这样既便于会议通知、会场布置、会议记录等工作的开展，也便于进行会议的宣传报道等。

（三）确定会议时间

会议时间是指会议起止时限，即“会期”。要根据会议议题确定会议时间，力求紧凑科学，避免耗时费财。

（四）确定参会人员

参会人员也称会议出席人。一般要根据会议的性质、议题和任务，确定参会人员的范围、资格、条件、人数。参会人员的总人数直接影响会议的规模和成本，因此应当从会议的实际需要出发，本着不宽不严的原则，切实确定。

（五）选择会议地点

组织会议前，必须选择和预订合适的会议地点。会议地点的选择应考虑远近适当、大小适中、设备齐全、场地安静、租金合理、停车方便等条件。会议地点是否合适取决于会议的目的、规格、规模、预算、活动模式、所需设施及交通通信等许多因素。

二、制定会前文件

（一）制定会议议程

会议议程是指对会议所要讨论研究的议题的先后顺序进行安排的具体议事程序。它通常与会议通知一起发出。会议议程需要按习惯顺序、公司章程、会议性质或议题的轻重缓急，科学地统筹安排。

（二）制定会议日程

会议日程是指结合会议议程对会议期间的所有活动所做的具体时间安排。它不仅包括围绕会议议题开展的全部活动，还包括会议过程中其他的辅助活动，如参观、考察、娱乐等。

会议日程安排表

（三）制定会议程序

会议程序是指在会议活动中按时间先后排列的详细工作步骤。它可以让参会人员了解会议的内容和具体的时间顺序，同时也是会议主持人主持会议的依据。

（四）编制会议方案

会议方案是为召开一次会议所做的整体安排与设计工作，具体包括：明确会议议题，确定会议名称、会议议程、会议日程、会议时间、参会人员、所需文件，明确会务机构和会上分工（如主持人、报告人、演讲人、讨论发言人、总结人等），选择会场，安排会议食宿，确定会议经费预算，等等。会议方案要报请主管领导批准后方可执行。

会议通知的内容

（五）完成会议通知

会议通知是指告知相关单位或个人即将召开有关会议。会议通知有信函、电话、传真、电子邮件、广播、报纸、电视媒体等多种形式，多以书面形式为主。

（六）制发会议请柬（邀请函）

请柬是邀请有关团体或个人前来参加会议、活动、宴请等各种事项的凭证性书信。公关性质的会议或涉外会议通知，宜用精美的请柬。

会议证件

三、准备会议证件和用品

（一）准备会议证件

会议证件既是参会人员身份和权利的象征，又是会议管理的一种手段，凭证出入既便于统计人数，又有利于保证会议安全。

（二）准备会议用品

为方便会议进行，工作人员应准备好各种会议用品，常用的有纸、笔、本、签到册、横幅、标语、花卉、会标、台布、照明设备、影音设备、复印机等。不同会议有不同的需求，一些特殊的设备在布置会场时也必须有所准备。如现代电子会议所需的大屏幕、投影仪、传输设备、音译设备等。秘书要及时落实大会发言稿、讨论文件材料的打印、校对、装订工作。可以列出会议用品明细表，做好登记工作，以免遗漏。

微课：会场的布置与检查

会场布置要求及图例

四、布置会议场地

（一）会场布局

会场布局主要是指参会人员座位的安排。不同的会场布局能够体现不同的会议主题、风格、意义和效果，适用于不同的会议目的。会场布局大体上有三种形式：礼堂式、全围式、分散式。

（二）会场装饰

不同会议对会场的气氛要求不一样，对会场的装饰要与会议议题相契合。会场气氛主要通过会标、会徽、画像、旗帜、标语、花卉、灯光、窗帘、台布等物品的装饰烘托出来。不同的色彩与色调能使人产生不同的心理感受，装饰会场要考虑整体色彩和色调与会议气氛的和谐。

五、沟通会议信息

（一）与演讲者联系

在筹备会议时，秘书需确保所有相关人员提前获取必要信息。会议演讲者在会议中扮演着至关重要的角色，秘书应在会议筹备阶段尽早与演讲者取得联系，首次沟通时，双方应详细讨论演讲的具体内容、费用结算方式、旅程与住宿安排、音像辅助设备的准备、演讲者的详细介绍以及材料或讲义的打印等事宜。

（二）与参会人员和工作人员沟通

秘书应该准备一份会议参加者的名单，并且该名单应该得到领导的确认。在请柬发出后，应该整理出表示同意参会的人员名单及工作人员的名单，以便安排座位和餐饮。秘书应与所有参会人员和工作人员沟通下列信息：会议安排、饮食要求、残疾设施、着装规范等。

（三）与主席沟通

主席在会议中起着特殊的作用，他是负责组织会议的人和最终负责所有安排的人。秘书在筹备会议的过程中，需要与主席密切联络。在会议召开之前，可能会进行多次讨论，以保证所有安排满足要求。在开始的筹备期，秘书主要与主席讨论以下内容：参会人员名单、会议时间、会议地点、会议议程、请柬、需要的会议资料、初定的演讲者和涉及的工作人员等。之后还要再沟通协调，最终决定上述所有事项。

（四）与新闻单位沟通

重要的、大型的会议要做好新闻发布工作，完成新闻报道的任务。秘书要邀请报社、电台、电视台等有关人员，做好对会议代表的采访、会议录像和新闻宣传工作。要组织好新闻发布会，向有关新闻媒体发布会议消息。同时，要为参加新闻发布会的领导提供有效的信息资料。

会前检查的内容和注意事项

六、开展会前检查

会前应该不断地向负责提供场地的一方提供有关会前筹备情况的最新信息，确保其收到书面的预订单、订金、参会人数信息以及点心饮料要求等。会议当天，在参会人员到达之前，还应该进行最后的检查。

虚拟仿真实训：会议设备的准备和调试

实战训练

1. 课堂讨论

（1）秘书在会议筹备阶段需要做哪些工作？

（2）秘书在会前需要沟通哪些信息？

（3）会议方案包括哪些内容？找一份制作好的会议方案与同学交流。

一份通知招来一大串电话

2. 分析案例，解决问题

3. 实务训练

年底，中原文化教育有限公司将举行年度表彰大会，办公室张主任让秘书陈文安排和布置会场及休息室。根据会议议题，陈文列出了礼堂及会议室布置的清单。

首先，礼堂座位安排如下：主席台上就座的为公司高层领导，进行发言及颁奖；台下第一排为公司中层领导；第二、第三、第四排为获奖人员。获奖人员以所获奖项为依据就座，按照优秀员工、技术能手、管理能手等，所获奖项相同者坐在一起；如有同时获得两个或两个以上奖项者，安排靠近过道就座，以便进出。这样颁发奖项时，获奖者能以很整齐的队形上台领奖。其他员工从第五排开始坐起。

其次，陈文又对主席台进行了布置，按照人数放上两排桌子，铺上桌布，制作好每位领导的台签，又按照职位高低等排好顺序。同时安排好演讲台，摆上台花。

休息室设在会议室，在座次上一般不拘礼节，只要摆上水果、茶水就行了。

最后，陈文联系了礼仪公司，预订了送给获奖代表的鲜花及邀请嘉宾的胸花，又安排保洁人员彻底打扫卫生，打造了庄重严肃的会场及轻松和谐的休息室。

一切安排好后，陈文向办公室张主任汇报，得到了主任的赞赏。在开会之前，陈文又认真检查了会场。最终，大会也进行得有条不紊，圆满结束。

实训目的：

通过实训，学会布置会场及安排会议座次。

实训说明：

阶段	实训任务	要求
分组讨论	1. 本部分实训既可在课堂上进行，也可在授课后集中进行 2. 把全班同学分成若干小组，小组内讨论如何根据会议类型进行会场布置和座次安排	人人都要发言，力求观点全面透彻，有借鉴性及指导性
模拟演练	在充分讨论的基础上，各小组成员分别扮演公司领导、嘉宾、受表彰的员工等角色，模拟进行座次安排	既要注意主席台座次的安排，又要注意主席台下座次的安排
总结评价	1. 教师及小组组长作为评委，对各组的座次安排情况进行评析 2. 教师总结	通过评析让学生认识到座次无小事，一定要审慎安排

4. 课后拓展

为学校新生开学典礼准备一份会议议程。

任务二 会中服务与管理

任务导入

中原文化教育有限公司要举办一个教育类软件的新品推广发布会，邀请了各界人士参加。很多客户对这款软件感兴趣，所以来参加会议的人很多，公司特地租了一个大礼堂作为会场。会议前一天，总经理秘书林丽对会议工作进行了最后的检查，因为会务组负责签到的何寒雪是第一次参加这样的会务工作，林丽特别叮嘱何寒雪明天 8：00 以前一定要到会场，做好参会人员的签到和证件、文件的发放工作。

何寒雪是新来公司不久的前台秘书，工作时间不长就参加这样的大型会务工作，她有点紧张。晚上下班以后，大学同学张燕又拉何寒雪去参加生日聚会，玩到很晚才回家。第二天等何寒雪一觉醒来，发现已经 8：00 了，她赶紧简单收拾一下，公交车也不敢坐了，打出租车赶到会场，到会场以后发现已经有一堆客人在签到台前等着签到了。林丽正在一边招呼客人，一边着急地等着她。一看到她，林丽马上要求她快给客人签到，把会议资料和午餐券发给客人。

林丽走后，何寒雪赶紧把签到表、会议资料和午餐券拿到桌面上摆好。看到等候的客人这么多，她觉得自己边给客人办理签到边发资料和午餐券太慢了，就让客人自己在签到表上签到，签完到后到她这边领资料和午餐券。这个办法的确很快，不一会儿，客人们就都签完到，领了资料和午餐券进入会场。

等到会议正式开始后，何寒雪开始进行清点核对，这才发现签到的人数与她发的资料和午餐券数不符，签到表上还有 26 个人没签到，而她手里的资料和午餐券却全部发光了。她立即慌了，不知道是这些人领了资料没有签到，还是根本没来让别人代领的资料，她根本弄不清楚，想去核对一下，可是她又不认识他们，这下怎么向总经理汇报？何寒雪不知所措了。

资料来源：董险峰．秘书原理与实务（含实训）[M]．杭州：浙江大学出版社，2014．

任务提出

在上述情境中，何寒雪的工作有什么问题？会议过程中的服务与管理工作有哪些要求呢？

任务分析

会务工作是一项时效性、集中性很强的工作，会期内机动时间很少，这就要求秘书人员必须充分做好会前准备工作。而会议从准备阶段进行到实质性阶段，就要求各项具体的会务工作责任到人、安排有序、运转有方，既遵循原则又不失灵活。其中，参会人员进入会场一般要签到，会议签到是为了及时、准确地统计到会人数，便于安排会议工作。会议签到要选择合适的方式。案例中的何寒雪没有做到尽职尽责，导致会务现场出现意外状况，而面对意外状况，她又缺乏周全的处理能力，造成了不良的影响。在会议过程中随时会有各种情况发生，秘书人员除了要做好会前的检查准备工作外，还要有灵活机动的协调能力，确保会议顺利进行。

必备知识

会议期间是秘书工作最集中的阶段，秘书的工作能力受到严格的考验。这时秘书工作的中心任务是掌握会议动态，协助领导进行指挥与控制，并通过精心的组织和良好的服务，使会议达到预定目标。

一、会议接站、报到与引导工作

（一）会议接站

1. 确定迎接规格

重要领导或外宾前来参加会议，首先要确定迎接规格，主办方应当派有一定身份的人士前去迎接。

2. 做好接站准备

负责会议接待的秘书要事先通过汇总报名表、回执以及打电话等渠道，尽快充分掌握需要接站的参会人员的各项情况，如人数、身份、性别、抵达日期等，做好各项生活服务准备工作。

3. 设置接待标志

在接站处以及交通工具上要设置醒目的接待标志，便于参会人员辨识。

4. 掌握动态情况

随时掌握并统计抵达的人员名单和数量，避免漏接的情况发生。

（二）报到与签到工作

会议报到是针对需要集中住宿的大、中型会议而言的，是参会人员从自己的工作单位或居住地到达指定的开会地点时所办理的登记手续，一般需要参会人员本人持会议通知或单位介绍信亲自报到。秘书人员在办理参会人员报到工作时，一般遵循以下程序：查验证件—登记信息—接收材料—分发材料—预收费用—安排食宿—情况汇总。

会议签到的方式

会议签到是为了及时了解应该到会的人是否都已到齐，并准确地统计出到会的实际人数所做的一项工作。通过签到可以确切掌握出席人数是否达到法定的人数，这对一些重要会议的表决和选举结果是否有效将是至关重要的。

（三）会议引导

会议引导是指在会议期间工作人员为参会人员指引会场、座位、展区、餐厅、住宿的房间，以及指示参会人员询问的路线、方向和具体的位置。

二、组织会议进行的工作

（一）检查会场准备情况

会议当天准备情况的检查主要包括以下几个方面：设备性能与安全工作情况、桌椅数量是否足够、茶水和水杯的准备、会标与花卉的准备等。

（二）会场的安全保卫和保密工作

1. 会场的安全保卫工作

如果是公司内部的会议，会场安全保卫基本不用做特别安排。如果是对外的会议，尤其是一些大、中型会议，为了确保参会人员的人身与财产安全，就应做好保卫工作。

2. 会场的保密工作

一方面，会议期间应有相应的值班制度与要求；另一方面，对保密文件的分发、收回以及会议内容的保密要制定一套严格的程序与制度，所有参会人员与工作人员都应严格遵守和执行。

（三）会议交通服务

会议交通服务是对会议车辆进行科学调配以保证会议用车的工作。它直接关系到参会人员的集体活动与会议组织的工作需要能否得到保障，应引起工作人员的高度重视，否则可能会贻误会议的正常活动，甚至造成开不成会的严重后果。要根据会期长短、参会人数等实际情况，本着既满足工作需要又勤俭节约的原则，做好交通安排，以保证会议的顺利进行。

（四）会议记录、会议简报

会议记录是对会议进程的原始、真实反映，应做到真实客观、快速准确。必要时，可辅以录音、速记和多人记录等手段。会议记录是立卷归档的重要材料，用笔、用纸应符合档案要求。

会议简报是会议期间编印的关于会议进行情况的简要报道，是会议的交流性和指导性文件。会议简报随会议进程而编印，随会议结束而终止。它应密切配合会议内容，在编写时，要简明真实、快速准确。一般要求当天整理，当天发出，最迟第二天发出。

会议记录的概念、特点、类型及写法

会议记录模板

会议简报的形式及写法

三、会议生活服务

（一）会议旅游活动

参会人员常把到会议举办地旅游当作参加会议的目的之一。因此，秘书要做到以下两点：一是提供当地旅游信息；二是统一安排旅游活动，包括制定旅游活动日程、负责活动中的协调及安全管理、做好旅游活动的开支管理等。

（二）会议娱乐活动

会议期间可适当安排娱乐活动，如观看文艺表演，组织舞会或晚会，丰富参会人员的业余生活，这也有利于提高会议效率。

（三）会议陪同服务

陪同具体有陪车、陪行、陪餐、陪同考察、陪同娱乐等。在陪同服务过程中为参会人员提供方便和保障，能够体现出主办方对参会人员的尊重和友好，促进沟通和交流。

实战训练

1. 课堂讨论

（1）会议签到有哪几种方式？

（2）会议简报和会议记录有什么区别？

参会人员来早了？

2. 分析案例，解决问题

3. 实务训练

中原文化教育有限公司准备举办一个为期 3 天的大型新产品介绍会，编发会议简报的工作由文员温暖负责。

会议如期召开，进行得很顺利。参会的新老客户很多，大家对公司推出的新产品都非常感兴趣，总经理很高兴，希望这些好消息在会议期间尽快发布，以沟通信息、鼓舞士气。可是，不知为何，迟迟不见温暖编制的简报发布出来，他想询问一下情况，却一直没腾出时间。

会议已经过了大半，还是不见简报的踪影，总经理很纳闷，就让秘书林丽去温暖那看看到底是怎么回事。

林丽到了温暖的办公室，看到温暖还在埋头苦写，就转达了总经理的问题，温秘书说：“我马上就写完了，写完后立刻交给总经理。”说完，她打开电脑给林丽看。林丽仔细一看，发现温暖写的哪是会议简报啊，分明是一份会议报告嘛！她问温暖：“你知道简报的重点在‘短’和‘快’吗？一份简报一般不会超过 1 000 字。你写了快两万字，怪不得你写得这么慢，看来你对简报的作用和写法根本不清楚。时间有点来不及了，我跟你一起写吧。再晚一些时间，编发的东西就不叫简报而叫旧报了。”

温暖在林丽的帮助下，对原来的稿子进行了修改，按照简报的格式，编发了两期简报，交给总经理，总经理审阅后对温暖说：“赶快发布，以后要注意提高工作效率。”

实训目的：

通过实训，了解会议简报的特点，学会编写会议简报。

实训说明：

阶段	实训任务	要求
分组讨论	1. 本部分实训既可在课堂上进行，也可在授课后集中进行 2. 把全班同学分成若干小组，小组内讨论如何编写会议简报以及编写会议简报时有哪些注意事项	结合会议简报的知识回答
上机练习	1. 学写会议简报 2. 使用 Word 进行会议简报排版	在学写会议简报时，先模仿，然后根据任务写作
教师讲解	教师结合案例讲解会议简报相关知识	知识讲解部分要少而精

4. 课后拓展

学生分组在学校院办进行会务工作实训，学习会务工作实际的操作流程和注意事项。

任务三　会后总结

任务导入

中原文化教育有限公司2024年业务洽谈会终于圆满结束了，傅总对这次会议的组织表示满意。在安排参会人员离会后，温暖马上将此次会议所涉及的文件收集起来，包括会议方案、议程表、日程表、邀请函、受邀客户名单、开幕词、会议记录、会议发言等，并将其分门别类地整理好，形成了一份主题为“2024年业务洽谈会文件”的卷宗。

任务提出

会议结束后秘书的工作就结束了吗？秘书在会后还需要完成哪些工作？

任务分析

会议结束后，秘书的工作并没有结束，还有许多细节问题需要秘书来认真处理。首先要送别参会人员，应注意做好分发回程票、结清会务费用、安排车辆送站等工作；其次要做好会场的善后工作，包括清理会场、归还会议所借物品、结算会议开支等任务；再次要整理会议文件，包括整理会议记录，形成大会决议、简报或纪要，收全会议文件和材料；最后要做好会务总结与反馈工作，包括进行会务工作总结、做好会后信息反馈等。

必备知识

一、送别参会人员

会议结束后应及时提醒参会人员结清会务费用。根据参会人员的要求，提前发放为其预订的回程票，并安排足够的车辆送站。

（一）结清会务费用

会议通知上一般均会提示参会人员参加会议时准备好会务费用，会议结束后会议主办方应及时提醒和安排参会人员结清会务费用，同时向缴费者提供相关发票，以供参会人员回单位后报销。

（二）分发回程票，安排车辆和人员送站

会议结束后，应通知参会人员到会务组领取代为预订的回程车（机）票，同时，提前安排车辆和人员根据参会人员离去时间组织送站，应根据车辆的承载量安排合适的车辆。如果是在炎热潮湿的地区开会，应考虑安排空调车。在送离参会人员时，应提醒他们携带好个人物品，不要有遗漏。这样既可以减少参会人员回头寻找遗漏物品的可能，又可以为自己省去保管遗漏物品，甚至递送和邮寄的麻烦。如有必要，还可以安排有关

领导或专人为参会人员送行。此外，若因工作需要有些参会人员必须暂时留下，还需要做好对这些人的食宿安排。

二、做好会场的善后工作

会场善后工作是把会议上的讨论决定布置下去并贯彻执行的先决条件，它主要包括清理会场、归还会议所借物品、结算会议开支等工作。如果是内部会议，会场的善后工作就会简单得多。如果是外借会场，则要与出借方结算会议开支，归还会议所借物品，清理会场时将会场中公司自带的东西拿走，包括会标、通知牌和方向标志等物品。

（一）清理会场

1. 拿走会标、通知牌和方向标志

会议结束后，会标、通知牌和方向标志应及时拿走，恢复场地的原有模样，以便归还租借的场地。一次性的说明标志和通知牌应予以销毁，可重复利用的应统计、归类、入库，以便下次使用。这样做有利于节约材料、资源，节省人力、物力。

2. 清理会场内其他物品

如果在会议结束后有宴会，要为客人做好向导，随后要注意清理会场，撤去会场上布置的会标等宣传物品，把会议上使用的投影仪、幕布、席卡等东西收拾好。如果发现会场上有遗失物品，要妥善保管，并同失主联系。要认真打扫收拾，使会场恢复原状。在会议过程中会产生大量的纸张，这些纸张或是草拟的文件，或是会议的资料，或是财务报表，会议结束后秘书人员要收回所有应该收回的纸张，并对所有纸张进行整理、清点、归类，找出有用的资料，不能再利用的纸张要销毁。会议都有保密性，在清理文件时要对文件的密级进行分类，该销毁的要及时销毁，避免在无形中泄露单位机密，这是会后工作中最重要的一个环节，切不可大意。

3. 通知配电人员关闭会场电源

会场清理完毕后要通知配电人员切断会场不需要使用的电源，关闭会场。

（二）归还会议所借物品

会议结束后，要及时归还从公司内部其他部门或其他单位借用的相关物品，归还前要检查是否完好，如果有损坏要按约定予以赔偿；不需要赔偿的，归还时要特别说明或修好后再归还。

（三）结算会议开支

如果是外借的会场，会议结束后，秘书人员应及时与出借方结清会议的各项费用，主要包括会场租借费、会议中借用设备的使用费、会议期间的其他相关费用等。

三、整理会议文件

（一）整理会议记录

会议记录须经领导确认，然后按单位规定分发给各部门。分发会议记录时要遵守从

上到下的规则，保证相关部门联系的完整性并要留有副本。分发到各部门后，要督促其学习会议精神并反馈信息。

（二）形成大会决议、简报或纪要

根据会议议题及会议记录，形成大会决议、简报或纪要，然后根据单位规定，分发送给有关人员。

（三）收全会议文件和材料，并分类、立卷、归档

将会议自筹备到结束的所有文件、材料，包括文字材料、重要照片、录音录像等收全，分类整理并归档，以便核查及以后举办类似会议时参考。

有些单位在召开会议之后，为使会议精神尽早落实，往往将会议中的重要材料——领导讲话、工作报告以红头文件的形式下发，并在下发通知中对如何贯彻实施做出一些具体的安排。这种文件尽管主要内容与会议材料完全相同，但重点是下发通知，其中的内容反映了会议后的工作方向，有一定的参考价值，应属于归档范围。对这类文件进行归档时，一般将内容较综合的工作计划、工作总结组在一起，将内容较单一的相关专题类文件组在一起。

保存会议材料需要一定的空间并进行相应的管理工作，这两项都需要成本。一般的方法是保留所有的会议资料，但也要根据将来用到的可能性合理取舍。

四、做好会务总结和反馈工作

为了进一步提高会务工作的质量，会议结束后应该对会务工作进行总结和评价。

（一）会务工作总结

会议结束后，秘书人员应该协助领导做好会务工作总结。通过总结可以发现问题、分析问题、总结经验，提高办会水平，为做好以后的会务工作打下基础。会务工作总结应当及时、全面、公正、客观、准确。

会务工作总结的主要内容有：检查会议方案中的各项会议工作是否执行到位，有无遗漏和重复之处；检查会务机构与相关部门、单位之间的协调情况；检查每个工作人员是否完成了会务工作及完成质量如何；总结进一步提高会议效率与效益的方法。

（二）会后信息反馈

会后信息反馈是指将会议精神在传达、贯彻中产生的结果、影响或问题等信息向领导机关及时汇报。秘书人员应当在会后协助领导做好这项工作。

1. 会后信息反馈的主要内容

（1）下级单位或各部门传达和贯彻落实会议决定、决议以及精神是否迅速及时。

（2）下级单位或各部门在贯彻落实会议决定、决议以及精神方面有哪些经验。

（3）下级单位或各部门在贯彻落实会议决定、决议以及精神时遇到了哪些困难和问题，这些困难和问题是什么原因造成的。

2. 会后信息反馈的方法

会后信息反馈的方法主要有以下几种：

（1）秘书部门通过电话向有关单位或部门口头催询情况，然后向领导机关汇报。

（2）要求有关单位或部门提交书面报告，经秘书部门汇总整理后呈交领导机关。

（3）秘书部门派人深入有关单位或部门实地检查和催询，了解情况，写出调查报告呈交领导机关。

（4）经领导批准，一些贯彻会议精神的好经验、好方法可以采用简报的形式予以推广。

实战训练

1. 课堂讨论

（1）会后秘书需要完成哪些工作？

（2）整理会议文件具体包括哪些内容？

2. 分析案例，解决问题

遗失的公文包

3. 实务训练

以班为单位，模拟举行“暑期大学生社会实践表彰大会”。

实训目的：

通过实训，掌握会务工作流程，学会如何进行会务工作总结。

实训说明：

阶段	实训任务	要求
分组讨论	1. 本部分实训建议在授课后集中进行 2. 把全班同学分为若干小组，小组内讨论会前、会中、会后的工作流程，尤其要注意会后总结部分	对整个会议流程进行梳理，重点把握会后总结部分的工作要求
模拟演练	在充分讨论的基础上，各小组成员分别扮演不同的角色，如领导、秘书、参会人员等，模拟会议的全过程，要有一定的协调能力，以应对会议过程中的突发情况	1. 会前：会场布置要有座位牌，注意座次排列；必要时准备音响、话筒等设备；会议主持人和发言人提前准备发言稿 2. 会中：做好茶水添加、资料分发、摄影等服务；参会人员做好会议记录 3. 会后：清理会场
总结评价	师生共同讨论整个会议过程中的经验和不足，形成书面材料	注意会务工作总结的内容要点

4. 课后拓展

设计一份会议评估表，对会议结果和目标进行评估，通过评估，分析差距，找出改进措施。

会议评估调查问卷的三种类型

会议评估表

项目七 商务活动

项目概述

商务活动是指企业为实现生产经营目标而从事的各类有关资源、知识、信息交易等活动的总称。做好商务活动工作是秘书的一项基本职责。作为秘书，既要做好日常的办文、办会、办事工作，也要积极参与到商务活动中，完成商务活动的具体服务工作。因此，秘书必须掌握商务活动工作的关键技能，努力提高实际办事的能力。

学习目标

知识目标

1. 掌握会见、会谈的组织工作程序。
2. 掌握签字仪式的程序及礼仪规范。
3. 了解商务庆典的组织及实施程序。
4. 了解宴请的准备工作与程序。

能力目标

1. 能够做好会见、会谈的准备和安排工作。
2. 能够做好签字仪式与商务庆典的各项筹备工作。
3. 能够做好宴请的准备工作，安排好领导的差旅事务。

素质目标

1. 培养踏实认真的职业素养与良好的职场礼仪。
2. 增强秘书工作中的服务意识、责任意识与保密意识。

任务一 会见与会谈

任务导入

中原文化教育有限公司因业务发展需要，准备与××职业技术学院开展校企合作，组织会见活动。××职业技术学院坚持开放办学，与各地知名酒店集团、度假区、文化传播公司等行业龙头企业深度合作，建立校外实习基地100余个，建有旅游研究院、旅游大数据研究院等科研平台10余个。经了解，××职业技术学院由副校长带队一行4人前来洽谈。此次会见工作主要由中原文化教育有限公司办公室文员温暖负责组织安排。

如果中原文化教育有限公司与××职业技术学院能够针对校企合作事宜顺利达成初步共识，双方还将进行双边会谈，签署合同。整个会谈工作的筹备仍由温暖负责。

任务提出

对于即将进行的会见和会谈，温暖应做好哪些准备工作？

任务分析

会见和会谈作为现代企业商务活动的重要组成部分，是活动参与双方为了获取利益而进行协商和达成一定目标的活动。会见和会谈能否成功，不仅取决于双方交流和协商的情况，还取决于秘书的准备和服务工作的质量。

温暖在进行会见和会谈的筹备时，应首先了解筹备的内容，包括时间、地点、人员、场所布置、座次安排、相关资料等。会见和会谈时间需事先约定，经双方领导认可，在双方时间比较充裕、精力比较充沛的时间段进行，这是讲究社交礼节、注重工作效率的表现；地点一般选择在会议室或会客室；场所布置和座次安排需要视会见和会谈目的、参与人数、身份职务等具体情况而定；同时，要积极收集对方相关信息，提前准备与会见和会谈议题相关的资料，并提前请领导过目。为领导安排会见和会谈是秘书的一项常规工作，看上去简单，但实际上有很多技巧、原则和注意事项，不只是约个时间就行，其中需要考虑的细节问题还有很多。

必备知识

一、会见

（一）会见的含义

会见是指双方见面，交换意见，也称会晤。会见因身份高低不同有不同的称呼，身份高者会见身份低者称为接见或召见，反之则称为拜见或谒见。

会见就内容而言，可分为礼节性会见、政治性会见、事务性会见，或兼而有之。礼节性会见时间较短，话题较为广泛，一般不涉及实质性问题；政治性会见是国家或国际组织的领导人或特使之间就双边关系、国际局势等重大问题交换意见，会见时间相对较长，气氛比较庄重；事务性会见则涉及比较具体的业务或技术性问题。机关、单位的会见，大多属于事务性会见。

（二）会见的组织工作程序

1. 确定会见目标

会见的目标一般是互通情况、沟通立场、消除分歧、确定原则，应当根据双方的实际情况确定会见的具体目标，包括最高目标和最低目标。

2. 收集对方相关信息

在会见之前，应通过多种渠道了解对方的意图、背景、人员组成等信息，帮助领导制定己方的目标和策略。

3. 确定会见人员

会见人员应根据会见内容和会见规格确定。除单独会见外，一般需要安排陪同人员。原则上根据对方参加会见的最高级别领导，安排己方相应级别领导出席，主谈人员由最高领导担任，会见人员不宜过多。

4. 确定会见地点和时间

会见之前，应根据实际情况对会见场所做合理的安排。一般会见地点安排在主人的办公室、会客室。如果是回拜，最好选择在离客人下榻处最近的地方会见。如客人安排在宾馆，那么可借用宾馆的会议厅或会客室作为会见的地点。

礼节性会见一般安排在客人到达后的第二天或宴请之前，其他会见则根据需要确定时间。首次会见时间不建议过长，以 30 分钟左右为宜。

确定了会见地点和时间后，联络人应尽早通知有关人员，并协助做好准备工作。

5. 安排座次

国内会见，宾主双方应按身份高低排列座位，各坐一边。涉外会见，应当按主左客右的国际惯例安排座位，即客人坐在主人的右边。

6. 准备会见场所

会见场所需安排足够的扩音器及录音录像等设备，事先准备好足够的椅子，每个座位对应相应的台签。如有外宾，还应备有中外文指示卡。同时配备足够的茶水、饮料等。

7. 迎送及合影

会见时，主人根据约定的时间提前到达，准备好迎接客人。主人可以在大楼门口迎候，也可以在会客室门口迎候。如主人另有工作，应由主方工作人员在大楼门口迎候，并引入会客室。会见结束后，主人应将客人送至门口或车前，握手道别，目送客人离去。

如需要合影，应事先安排好合影图，设计好每个人所站的位置。人数较多时，应准备合影架，使后排高于前排。合影时，按照国际惯例，遵循“以右为上”的原则，主人居中，主宾位于主人右边，其余人员既可以主左宾右排列，各站一边，也可以交叉排列，主客双方间隔排列，但要注意两端应由主方人员把边。

二、会谈

（一）会谈的含义

会谈是指双方或多方以平等的身份为达成某项协议正式交换意见，其内容既可以是重大的政治、经济、外交、军事、文化问题，也可以是具体的业务和技术性问题。从内容来看，会谈比会见更为正式，政治性和专业性也更强。

（二）会谈的组织工作程序

会谈与会见的工作程序及安排大体相似。

1. 确定会谈目标

会谈的目标比较具体，往往是达成某项协议，应当根据双方的实际情况确定会谈的具体目标，包括最高目标和最低目标。

2. 收集对方相关信息及会谈的相关资料

除了要收集对方的相关信息外，还应收集和会谈议题及目标相关的各种信息，掌握比较详尽的资料，以便掌握会谈的主动权。

3. 确定会谈人员

会谈人员应根据会谈内容和会谈规格确定。会谈人员应该由主谈人、专业人员、翻译和秘书（兼记录员）等组成。会谈人数一般不受限制，但会谈因涉及的内容专业性、政治性比较强，故应认真考虑选择具有较高素养的人员参加。

4. 确定会谈地点和时间

会谈之前，应对会谈的场所做合理的安排。可根据参加人员数量及会谈目标选择合适的会议室或会客室。会谈的场地布置应体现出礼仪的规范性和对来访者的尊重。

会谈桌上有时需放置双方旗帜标志（如果是涉外会谈，应摆放两国国旗），现场可放置双方主要人员台签，以便对号入座。

会谈的时间安排应先征求对方意见，互相协商好后可制定日程表，等客人到达后人手一份。如果是时间较长的会谈，具体每一次会谈的时间和地点均应在日程表上标注清楚。在会谈期间，一般还应留出适当的时间为客人安排文化娱乐、参观游览等活动，以表示主人的盛情和重视。

5. 准备会谈所需资料

会谈一般围绕某个主题进行，因此工作人员需提前了解会谈的大致内容，提早准备相关材料，如企业简介、产品资料、财务报表等。

商务活动中的座次安排

6. 安排座次

双方会谈一般将谈判桌排成长方形，双方各坐一边。主方位于背门一侧或进门后的左侧，双方主谈人位于各方座位中央，其他人员按右高左低排列。桌上应放置中文座位卡，涉外会谈则要同时放置对方语种的座位卡。多方会谈可将多张谈判桌摆成圆形或方形。

会谈的迎送及合影工作要求与会见的内容相同。

三、会见与会谈的区别

（一）内容不同

会见的内容礼节性、事务性较强；会谈的内容专业性、利益性较强。

（二）功能不同

会见主要是为了加强双方的关系，处理具体事务；会谈主要是为了谋求共同利益或契合双方利益而互相磋商。

（三）结果不同

一般会见主要是为了熟悉各方，或针对某一问题初步达成共识，并不形成原则性的一致意见；会谈可能产生的合同、协议、条约、意向书、备忘录、会谈纪要、宣言等文件，标志着双方已就某个或某些问题达成一致意见。

实战训练

1. 课堂讨论

正式会见、会谈前，应如何做好信息收集工作？

2. 分析案例，解决问题

会谈准备

3. 实务训练

在左边二维码案例中，中原文化教育有限公司在会后可以采取什么弥补措施？请帮助温暖争取第二次会谈的机会，并进行会谈模拟。

实训目的：

通过讨论分析、模拟演练，思考如何在会谈中获得对方的肯定。

实训说明：

阶段	实训任务	要求
分组讨论	1. 本部分实训既可在课堂上进行，也可在授课后集中进行 2. 把全班同学分成若干小组，小组内讨论秘书人员应该如何做好会谈组织工作 3. 提出有效建议，并举例说明	学生全员参与，教师随机指导讨论，15 分钟
模拟演练	在各组充分酝酿、练习的基础上，请各组派代表扮演会谈中的各种人员，模拟会谈过程	15 分钟
总结评价	1. 教师组织学生共同评议，找出各组在会谈组织方面的优点和不足 2. 教师总结	15 分钟

会见、会谈准备工作实训评分表

4. 课后拓展

收集影视作品中会见、会谈的成功案例，分析讨论会见、会谈工作的重要性。

任务二 签字仪式与商务庆典

任务导入

中原文化教育有限公司与××职业技术学院通过前期多次会谈，最终达成了校企合作一致意见。为扩大影响，起到一定的宣传作用，同时也为双方的战略合作留下历史的见证，中原文化教育有限公司与××职业技术学院决定举办签字仪式。中原文化教育有限公司总经理董总要求文员温暖负责签字仪式的组织工作。到了签字仪式当天，温暖将待签文本随意摆放，然后安排大家随意入座。会场喧闹杂乱，等到领导入席签字时才发现没有签字笔，温暖就将自己随身携带的圆珠笔递给了领导，又给对方领导随便找了一支中性笔。签字完毕后，温暖挤到领导身边，手忙脚乱地与对方助签人交换文本。董总对温暖在这项工作中的表现非常不满意。

任务提出

在签字仪式的组织工作中，温暖在哪些环节出了错？

任务分析

签订协议是双方会谈达成一致意见后进行的一项非常严肃的工作，意味着双方正式合作的开启。签字仪式作为现代企业不可或缺的商务活动之一，是双方达成一致意见后以仪式的形式正式签署相关文件的活动。签字仪式的成功举行，有赖于秘书人员的认真筹备和专业化服务。

温暖在本次签字仪式的组织工作中有以下几点错误：一是待签的合同文本随意摆放，没有事先放在签字桌上。二是没有安排好双方的座次。在正式签署合同时，各方代表对礼遇均非常在意，而最能体现礼遇高低的便是座次，应当认真对待。三是没有准备好签字笔。签字时使用的笔不能是圆珠笔或随意找的中性笔，一般签字用的笔在签约之后要相互交换以作纪念，所以应该专门准备包装精美、质量较好的签字笔。四是温暖作为工作人员，不应该去交换签好的文本。在签字仪式中有很多需要注意的细节，秘书人员要熟悉签字仪式的内容、准备工作、流程以及注意事项，这样才能做好签字仪式的组织工作。

必备知识

一、签字仪式

（一）签字仪式的前期准备

1. 选择地点

签字仪式是谈判双方在订立合同、协议、条约时所举行的正规签署仪式。仪式现场的氛围应庄重，所以主方应慎重选择地点。一般来说，主方可以选择专用的签字厅，也可以选择会议厅临时代替。

2. 准备所需物品

签字厅里需摆放签字桌（长桌）、适量的座椅等，签字桌上需铺放深色台布，摆放待签文本、签字笔、吸墨器及席位牌。如果签署涉外合同，还应在签字桌上摆放各国国旗。

3. 陈设桌椅

在签字仪式中，座次排列是非常重要的礼仪，主方应慎重安排，确保签约各方的平等地位。签字仪式座次一般如图 7－1 所示。

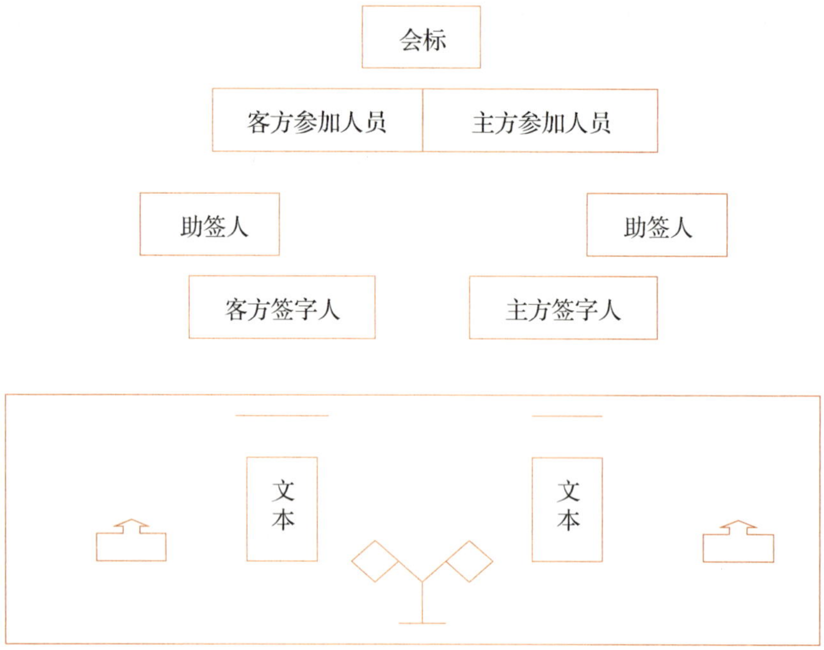

图 7－1　签字仪式座次

4. 准备待签文本

按照商界惯例，主方应指定专人会同各方负责人对待签文本进行定稿、校对、打印和装订，以确保文本内容准确无误。

正式的待签文本应该使用 A4 规格的白纸打印并装订成册，需向签约各方提供一份待签文本，必要时还需要准备一份副本。如果签署涉外合同，应同时使用签约各方法定的官方语言来撰写文本，或者使用国际通用的语言。

5. 出席人员着装礼仪

签字仪式的出席人员包括签字人员、助签人员、礼仪人员。出席人员的着装应以简约和庄重为原则：男性应穿深色西服、黑色皮鞋和深色袜子，系单色领带；女性应穿西装套裙、长筒丝袜和黑皮鞋。礼仪人员可穿礼仪制服或旗袍等。

（二）签字仪式的程序

1. 宣布仪式开始

各方出席人员步入签字厅，按指定的座次各就各位，其中助签人员应协助签字人员将待签文本打开并指明签字处。如遇三个或三个以上的单位一起签约，签字仪式大体相同，只是相应地增加签字人员的座位、签字用具。

2. 签署文本

各方签字人员应先签署由己方保存的文本，然后签署由他方保存的文本。

3. 交换签好的文本

各方签字人员起身离座至签字桌中间，正式交换文本，然后双方签字人员握手，其他出席人员鼓掌祝贺。

4. 合影留念

各方出席人员互相道贺，合影留念。

5. 签字仪式结束

签字仪式结束后即可离场，离场顺序为：先各方最高领导离场，然后客方其他出席人员和主方其他出席人员离场。

微课：组织安排签字仪式

二、商务庆典

商务庆典作为现代企业常见的专题活动，是提高企业知名度、传播企业形象、争取各类公众合作与支持的重要途径。

（一）商务庆典的组织工作程序

1. 拟定活动主题

主题是商务庆典的灵魂，其设计是否合理、恰当是影响商务庆典能否成功举办的关键因素，因此，必须首先明确举办商务庆典的目的，然后根据活动目的来拟定活动主题。拟定活动主题时，应注意以下几点：

（1）一般情况下，企业举办商务庆典主要有以下三个目的：一是营造购买氛围；二是与各类公众联络感情；三是展示企业目前的实力和影响力。

（2）活动主题的表达形式应符合企业文化定位，含义明确、形式新颖、简单易记，可以是一个口号，也可以是一句陈述。如：“携手共创辉煌，谱写十五载庆歌”“相伴十五年，相约在未来”“热烈庆祝××公司创建十周年”等。

2. 确定时间和地点

选择时间时应考虑以下因素：

（1）可借助重大节日的关注度或选定在周末。如国庆节、五一国际劳动节、元旦等。

（2）关注天气情况。提前查询天气情况，尽量选择阳光明媚的一天。

（3）考虑周边居民的生活习惯。活动应避免过早或过晚，避免影响居民的正常休息，通常安排在上午的 9：30—11：30 最恰当，时间一般控制在 1～2 个小时。

选择地点时应综合考虑场地大小是否合适、交通是否便利、停车位是否足够。

3. 做好宣传工作

（1）选择适当的传播媒介。根据企业定位，综合考虑目标受众、信息内容、活动经费等因素来选择有效的传播媒介，可针对不同层次的群体选择合适的传播媒介进行有针对性的广告宣传，力争达到立体化的传播效果，将庆典相关信息最大化地传达给公众，吸引更多公众关注，营造庆典氛围。如使用当下流行的抖音、微博等平台。

（2）确定传播内容。传播内容一般包括两大部分：一是企业相关信息；二是商务庆典相关信息。企业相关信息主要是指企业名称、标识、联络方式等；商务庆典相关信息主要包括活动主题、内容及举办的时间、地点等。

4. 做好来宾邀请工作

（1）确定来宾名单。来宾的重要程度与数量多少，决定着商务庆典的影响力。一般来讲，来宾的范围包括：政府领导、社会名流、媒体记者、同行人士、合作伙伴、社区代表以及员工代表等。

（2）制作及发送请柬。一般而言，请柬上应包括商务庆典的活动主题、时间、地点，企业的名称、联系方式等信息。除此之外，还可以印有企业标识。

请柬一般提前1～2周送达邀请对象手中，可以根据需要和距离远近通过邮寄或派人送达的方式。在商务庆典举办之前，最好用电话等方式适当提醒和落实，但一般不要单纯通过电话邀请。

5. 确定出席的关键人员

出席商务庆典的关键人员包括主持人、致贺词人、致答词人等。确定之前，应先与相关人员进行沟通和确认，以便其做好准备。

6. 布置庆典现场

（1）规划布局。庆典现场由舞台、来宾席和签到处等组成。其中，舞台上可放置主题背景板、发言台、盆花等；来宾席需设置导示牌，以保证现场秩序和人员安全，还应提供茶点、饮料等。

（2）渲染气氛。为了烘托出热烈、隆重、喜庆的气氛，可在庆典现场放置彩灯、易拉宝、彩虹门、花卉植物等，也可以悬挂彩带、条幅等。

（3）准备音响设备。在庆典开始之前，务必要把音响设备准备好，如麦克风和传声设备等，庆典举行前后可播放一些喜庆、欢快的乐曲，烘托氛围。

7. 拟定庆典流程

庆典时间宜短不宜长，程序也不能太过复杂，否则会分散出席者的注意力，并给人以庆典内容过于凌乱之感。总之，要使庆典短小、精悍、适时。

不同类型的庆典，其内容和流程是有区别的。一般情况下，庆典流程如下：

（1）主持人宣布开始。

（2）介绍重要来宾。

（3）来宾代表致贺词。

（4）主办方代表致答词。

（5）举行仪式（如剪彩、揭牌等）。

（6）酌情安排文艺演出或宴请。

（7）留影、题词等。

8. 其他准备工作

（1）准备文字材料。包括庆典流程、来宾名单、主持串词、贺词与答词以及企业宣传画册等文字材料等。

（2）准备礼品。可选择具有象征性、纪念性、宣传性的礼品赠给来宾。

（3）经费预算。经费预算包括场地使用费、现场布置费、广告费、礼品费、宴请费等。

（二）商务庆典的现场实施程序

1. 活动前检查

活动前应对现场布置、所需物品、文字资料、所赠礼品、音响设备等进行详细的检查，如有问题，及时解决，确保庆典顺利举行。

2. 接待签到

（1）设置签到处。一般由专门的礼仪人员负责签到。签到时，可以将庆典流程、宣传画册、礼品等发放给来宾。还可以与来宾交换名片，便于今后联系或制作通信录。

（2）设置休息室。签到后，由礼仪人员引领来宾到休息室等候，休息室应准备茶点、饮料等。

3. 现场控制

（1）各项议程要紧凑，致辞等应简明扼要，时间不宜拖得太长。

（2）对于突发情况，如设备出现故障、礼品发生差错等，应事先准备对策，确保庆典顺利进行。

4. 结束工作

（1）组织来宾参观企业，进一步展示企业的良好形象。

（2）通过设置来宾留言簿、召开座谈会等形式广泛征求意见和建议。

（3）做好来宾欢送工作。

微课：庆典活动的组织

常见庆典活动的仪式程序

剪彩仪式

实战训练

1. 课堂讨论

在日常生活中，你见过哪种类型的商务庆典？如何判断商务庆典举办得是否成功？

2. 分析案例，解决问题

商务庆典的筹备

3. 实务训练

学生分组，模拟左边二维码案例中食品公司的三十周年庆典组织工作，包括拟定主题、邀请来宾、拟定流程、编制经费预算表等，从中找出不足，加以改进。

实训目的：

通过实训，了解并掌握举办商务庆典的要求和程序。

实训说明：

阶段	实训任务	要求
分组讨论	1. 本部分实训既可在课堂上进行，也可在授课后集中进行 2. 把全班同学分成若干小组，小组内讨论秘书人员应该如何做好商务庆典组织工作 3. 提出有效建议，并举例说明	学生全员参与，教师随机指导讨论，15 分钟
模拟演练	在各组充分酝酿、练习的基础上，请 3 组学生代表模拟演练商务庆典的组织	15 分钟
总结评价	1. 教师组织学生共同评议，找出各组在商务庆典组织方面的优点和不足 2. 教师总结	15 分钟

4. 课后拓展

收集学校附近商圈近期即将举行的商务庆典活动信息，并积极参与，直观感受商务庆典的特色。

商务庆典筹备实训评分表

任务三 宴请与差旅

任务导入

林丽是中原文化教育有限公司总经理秘书，一天上午快下班时，总经理董关礼来电，要求林丽为他安排一下，他要宴请从外地远道而来的老朋友刘教授一行。刘教授今天在本市参加一个专家报告会，因刘教授知名度很高、人脉广泛，想宴请刘教授的人很多，所以董总对此事非常重视。林丽马上为晚上的正式宴请做准备。她算了算宾主双方共有 8 位，随即预订了酒店的宴会厅。因为是熟人，又只有几个客人，所以没有送请柬。但是稳妥起见，林丽还是电话联系了刘教授的助理小王，详细说明了晚宴的地点和时间，又认真地询问了刘教授等人的饮食习惯。小王告诉她刘教授是山西人，非常爱吃面食，不喜欢吃羊肉。

离晚宴时间还有半个小时，林丽提前到酒店，检查晚宴安排情况并在现场做些准备工作。她找到领班，再次讲了重点注意事项，又和领班共同检查了晚宴的准备情况。宴会厅分内外两间，外面是会客室，是主人接待客人小坐的地方，已经准备好了鲜花和茶点；里面是餐厅，中式晚宴的圆桌上已经摆放好各种餐具。

晚宴的一切准备工作就绪。林丽看了看离约定的时间还有 15 分钟，就来到酒店大堂等候。总经理一行提前 10 分钟来到了酒店门口，林丽就在送他们到宴会厅时简单地汇报了安排。林丽随即又返回酒店大堂，等待着刘教授一行人的到来。几乎分秒不差，她迎接的客人准时到达。

晚宴正式开始，宾主双方笑逐颜开，客人不断夸菜的味道不错，正合他们的胃口。席间领班带领服务员以节目表演的形式端上了山西特色刀削面，客人看到后十分惊喜，竖起大拇指说道："你们的工作做得真细致！"董总在向刘教授谦虚客套的同时，向林丽投去了赞许的目光。

资料来源：董险峰．秘书原理与实务（含实训）[M]. 杭州：浙江大学出版社，2014.

任务提出

林丽为什么能得到客人和总经理的好评？

任务分析

对于重要的来宾，接待方往往安排宴请活动，通过宴请联络感情、沟通信息。林丽在此次宴请工作中的表现有许多可取之处：一是她非常了解宴请的准备工作和程序，熟练预订了宴会厅，并对宴会厅进行了布置；二是用电话联系了主宾的助理，详细说明了晚宴的地点和时间，并提前到酒店大堂迎接客人；三是认真地询问了主宾的饮食习惯和禁忌，据此安排菜单，给客人留下了良好的印象；四是及时向领导汇报相关情况。宴请的成功与否关乎客人的心理感受，影响着公司的形象和后续的合作，因此，秘书必须了解宴请的准备工作与程序，妥善筹备宴请活动。

必备知识

一、宴请的准备工作与程序

（一）宴请的准备工作

1. 确定宴请的相关要素

（1）确定宴请目的。宴请的目的即宴请的缘由，例如为了迎接客人、为了庆祝合作成功等，基本原则是不能违反规定利用公款大吃大喝，以免造成不良影响。

（2）确定宴请对象。要根据宴请目的确定宴请对象，比如请哪些人、请多少人、哪些人陪同。一般根据主宾的身份、年龄和职业等特点来选择陪同者，通常选择与主宾身份、地位接近的人，或与主人关系密切的朋友、业务伙伴。

（3）确定宴请形式。宴请形式应根据宴请目的和宴请人数综合考虑。一般来说，规格高、较正式、人数较少的用宴会招待；日常交往、友好联谊、人数较多的以冷餐会、酒会为宜；群众性节日活动以茶话会为宜。

（4）确定宴请时间和地点。关于宴请时间，如果对方是代表团，一般安排在对方到达的当天晚上或第二天晚上。如果是小型宴请，可征求对方的意见，选择一个双方都合适的时间。一般不选择重大节日和假日。关于宴请地点，应选择规格适当、交通便利、环境优美、干净卫生、设施完备、有特色菜肴的酒店。

2. 发出邀请

正式宴请一般都会发请柬，用书面邀请的形式以示重视。国内交往中的宴请，可以用电话邀请或当面邀请，也可以发请柬。对所有被邀请者要一视同仁，邀请形式尽量一致。

3. 拟定菜单

在组织宴请时，菜单的选择至关重要。菜单应根据接待规格、经费预算和宴请形式来安排。重要宴请须提前安排好菜单，并请领导审阅。拟定宴请菜单时应该注意以下几点：

（1）客人的喜好与禁忌。订菜前要了解主要客人的喜好与禁忌。

（2）有地方特色。宴请在某种意义上也是对饮食文化的一种宣传。以地方菜系为主，是宣传当地饮食文化的最好方法。在尊重客人喜好与禁忌、照顾客人饮食习惯的前提下，要尽可能安排具有地方特色的菜系。

4. 布置宴会场所

（1）气氛。正式的宴请应营造出严肃、庄重、大方的气氛。茶话会、酒会等则可以轻松活泼一些。

（2）音响设备。大型宴请如有讲话、致辞，应提前放置并检查扩音设备。

（3）桌次的安排。中式宴会常用圆桌，西式宴会可用长桌、方桌、马蹄形桌或“T”字形桌等。桌数较多时，应在桌与桌之间空出一定的距离，以便主方人员向各桌来宾敬酒。桌次安排一般遵循“中心为上，远门为上，近主为上，以右为上”的原则。

（4）席位的安排。席位即同一桌的座次，安排席位的主要依据是礼宾次序。一般情况下，主人面朝正门和所有来宾居中而坐，其他席位的高低根据离主人远近而定，同时遵循右高左低的惯例。

（二）宴请的程序

非正式的宴请无须讲究过多的程序，正式的宴请则必须讲究。正式的宴请程序包括迎宾、入场、宣布宴请开始、介绍主要来宾、致辞、祝酒、就餐与交流、散宴和送别等。

1. 迎宾

宴请重要客人，主人一般应在门口迎接客人，单位的其他领导和工作人员应陪同主人共同迎接来宾。如果主人准备在宴会厅与客人寒暄，工作人员则应代主人在门口迎接并引领客人进入宴会厅。

2. 入场

小型宴请：客人到齐后，由主人陪同客人从休息室进入宴会厅。主人和主宾应走在前面，其他人按身份高低依次进入。

大型宴请：普通客人应提前进入宴会厅，主要客人到齐后，由主人陪同按礼宾次序先后进入宴会厅。这时全场起立，鼓掌表示欢迎。主人与主宾入席后，其他人方能坐下，宴请即开始。

3. 宣布宴请开始

一般由主持人宣布“××宴会（或酒会、冷餐会等）现在开始”。

4. 介绍主要来宾

宴请开始后，主持人介绍主人、主宾和其他主要来宾。如相互熟识，可免去此项。

5. 致辞

我国的宴请，致辞一般都放在宴请开始时，先致辞、后用餐。国外的宴请，致辞一般是在热菜之后，甜食之前。冷餐会和酒会的致辞时间则比较灵活。致辞前，主持人应介绍致辞人的身份。宾主双方都要致辞，顺序为先主后宾。这里所讲的“主”是举办宴请的人，而不是东道主。如中方举办欢迎宴，中方为主人，外方为客人；外方在中国举办答谢宴，则外方为主人，中方为客人。讲稿可事先交换，由主方先提供。

6. 祝酒

宾主双方常常相互祝酒（又称敬酒），以表达美好的祝愿。宴请祝酒有以下几种方式：一种是致辞人宣读事先准备好的祝酒词，然后提议共同干杯；二是在一些便宴中，经主持人同意，参加的人员可即兴致辞，然后提议共同干杯；三是主人与客人、客人与客人之间相互碰杯，相互祝愿。

7. 就餐与交流

宴请作为一种社交方式，其目的不单纯是请人吃饭。因此，主人举止要热情、大方、得体，主动关照客人并与之沟通和交流，努力营造一种融洽和谐的友好氛围。

8. 散宴和送别

小型宴请：吃完水果后宴请自然结束。主要客人起身告辞，主人送至门口或车前。

大型宴请：可以由主持人在发表一番热情洋溢的祝词之后，宣布宴请结束。先请主要客人和领导退席，然后其他客人相互告别离去。

二、安排领导的差旅事务

（一）制订商务旅行计划

安排领导的差旅事务是秘书经常需要做的一项工作。要为领导安排差旅事务，首先需要制订一份合理的商务旅行计划，并制定旅程表。

商务旅行计划一般包括以下内容：启程与返回日期及具体时间；交通工具的选择；接站安排；出差的路线、目的地及途经地的住宿安排；领导及接待人员的特别要求；目的地及途经地的天气状况；行程安排、会面人员的名单及背景、会面主题；差旅费用等。

制定旅程表时，可向有关服务部门或向目的地享有一定声誉的旅游机构索取有关资料，了解当地交通工具的运行情况、旅行路线、酒店情况、外汇管理规定、经商特点、健康规定，以及有关护照、签证等方面的信息。需要中转时，尽量选择衔接时间在2～4小时的班机，以免浪费时间。

虚拟仿真实训：商务旅行计划制订

（二）预订酒店

为领导选择酒店时需要综合考虑酒店口碑与服务质量、周边环境、交通状况、安全条件等因素。最好是选择熟悉的酒店，因为对其服务质量等各方面比较放心，还可享受优惠。

（三）准备日常和工作用品

在安排领导的差旅事务时，要根据领导的习惯为其准备出差用的物品。除一些日常用品外，还需要准备充足的工作用品，如所参加的会议、活动或仪式需要用的背景材料、文件、合同、样品及其他资料。

虚拟仿真实训：车、船、机票及酒店预订

（四）收集目的地相关背景资料

在出发前要充分了解目的地的背景资料，包括经济、市场流通、经营管理、语言、文化、政治、地理、历史等方面的情况。秘书要对所查到的信息进行整理，按类编排，并根据领导此行的主要目的，安排好各类信息的详略程度。

（五）与领导保持联系

与领导保持联系，根据领导的日程安排，随时汇报公司业务进展情况，并及时获得帮助和支持。要能够处理领导出差期间的信件、邮件、电话等工作内容，保证领导出差期间工作的有序性。

（六）跟进后续事宜

对于在差旅过程中形成的合作项目或可能形成的合作意向，秘书要跟进后续事宜，视情况制订相关方案及计划。

涉外差旅工作

实战训练

1. 课堂讨论

秘书会经常跟随领导一起到外地出差处理公务，作为一名秘书，应如何为领导做好差旅服务？

2. 分析案例，解决问题

3. 实务训练

学生分组，模拟负责右边二维码案例中的领导差旅事务安排，包括选择合适的出行方式、预订酒店、制定详细的日程安排等，从中找出不足，加以改进。

一次出差

实训目的：

通过实训，了解并掌握安排领导差旅事务的一般程序及注意事项。

实训说明：

阶段	实训任务	要求
分组讨论	1. 本部分实训既可在课堂上进行，也可在授课后集中进行 2. 把全班同学分成若干小组，小组内讨论秘书人员应该如何做好领导差旅事务的安排 3. 提出有效建议，并举例说明	学生全员参与，教师随机指导讨论，15 分钟
模拟演练	在各组充分酝酿、练习的基础上，请 3 组学生代表模拟演练领导差旅事务的安排	15 分钟
总结评价	1. 教师组织学生共同评议，找出各组在领导差旅事务安排方面的优点和不足 2. 教师总结	15 分钟

4. 课后拓展

中原文化教育有限公司副总经理傅明要去深圳出差，与合作企业洽谈承办展览活动的相关事宜。请结合所学内容，帮助他列出本次差旅的物品清单。

差旅事务
安排实训评分表

项目八 沟通与协调

项目概述

沟通与协调在秘书工作中的作用至关重要，也是职业秘书必备的工作技能之一。随着社会的发展，沟通与协调工作显得日益复杂和微妙。职业秘书应该了解沟通与协调的作用和内容，掌握相应的原则和方法，这样既能提高工作效率和工作质量，又能营造温馨友善的工作环境，这对秘书的工作大有裨益。

学习目标

➢ 知识目标

1. 了解沟通的概念和有效沟通的原则。
2. 熟悉协调工作的原则和步骤。

➢ 能力目标

1. 能够针对不同情况使用一定的方法和技巧进行有效沟通。
2. 能够根据具体情况选择恰当的协调方法和技巧，做好协调工作。

➢ 素质目标

1. 培养善于沟通、随机应变、团结协作、以人为本的秘书职业素养。
2. 培养沟通和协调工作中的大局意识。

任务一　秘书沟通工作

任务导入

中原文化教育有限公司的温暖，是刚调来公司办公室工作的。一天，办公室主任交给她一项新任务——负责公司宣传刊物的组稿、编排工作。但是温暖不会编排版面，美术功底也不过关，主任就又选派了办公室有美术功底的秘书李景负责版面编排，让温暖专门负责组稿、改稿等工作。李景很有才华，在编排版面、书法、画画方面在公司小有名气，他根本就没把温暖这个职场“菜鸟”放在眼里。正好碰到他工作很忙，就把宣传刊物的事儿抛到九霄云外去了，主任催了温暖好几次：“怎么这期的宣传刊物还没做好？”温暖又不好明说，只好硬着头皮去催李景，可李景根本不配合，还冷眼相对，温暖只恨自己没用。

任务提出

面对上述情况，温暖应该怎么做呢？

任务分析

秘书在办公室中扮演着沟通桥梁和纽带的作用，在日常工作中要妥善处理好与上级、同级、下级的各种关系，减少摩擦，调动各方面工作的积极性。温暖作为职场新人，在工作中应多向有经验的同事学习，遇到矛盾及时解决，积极建立一个和谐友善的工作环境。秘书要想成功，就必须和同事和睦相处、有效沟通。沟通从“心”开始，最重要的就是调整沟通心态，这不仅是技巧问题，更需要具备良好的人文素养，“以人为先，修身为本”是有效沟通的基础，是建立有效人际关系的首要条件。如果带着不良情绪沟通，预设对方有恶意，就会曲解对方意图，以致矛盾越来越大。所以，要实现有效沟通应具有“五心”，即尊重的心、真诚的心、认同的心、赏识的心、分享的心。具备这“五心”，就能达到最佳沟通效果。

必备知识

一、沟通的概念

沟通是一种信息传递和交流的过程，不仅包括公务信息的传递和交流，也包括个人情感、思想与观点的传递和交流。一次有效的沟通必须满足以下三个条件：一是表达者所发出的信息完整而准确；二是信息在传递过程中没有损失；三是接收者真正理解了接收到的信息。

沟通的种类

秘书沟通工作的任务就是要在公务活动中有意识地运用各种方法和技巧，促进人与人、人与组织之间的有效沟通，以达到提高公务活动效率的目的。

二、有效沟通的原则

（一）可信赖性原则

沟通者要给人以可信赖的感觉，使沟通在彼此信任的气氛中进行。信任有助于沟通的顺利进行，有利于尽快达到沟通的目的。

秘书沟通的障碍因素

（二）一致性原则

沟通计划的实施必须与本组织的发展目标相一致，必须使沟通达到更好地为组织发展服务、促进组织发展目标实现的目的。

（三）针对性原则

人一般都会对能给自己带来价值的信息感兴趣，因此沟通的内容必须对接收者具有意义。

（四）明确性原则

沟通的信息必须用简明的语言来表述，所用词汇对表达者与接收者来说应当代表同一含义。复杂的内容要列出标题或采用分类的方法，使其明确与简化。信息传递的环节越多，则越应该简单明确。

（五）持续性原则

在沟通过程中，沟通者需要对信息进行重复，同时补充新的内容，通常这一过程会持续到取得预期的沟通效果为止。

（六）恰当性原则

沟通会涉及各种各样的事由及沟通对象，要有针对性地选用不同渠道以更好地达到传递信息的效果。

三、沟通的基本方法与技巧

（一）积极倾听，做好记录

认真倾听对方讲话、正确理解讲话内容是沟通的一个重要环节。很多无效的沟通就是不注意倾听造成的。将听取的内容清晰、有条理地用文字记录下来是有效沟通的基础。

（二）有效提问

在沟通过程中，应选择适当的时机进行恰如其分的提问，这样有利于表达者与接收者之间深入地交流思想，提高沟通的有效性。提问的目的可以是证实自己的理解正确，也可以是就自己不清楚的问题进行询问或提出建议或意见，还可以是控制谈话方向，制止别人的滔滔不绝。

（三）注重非语言沟通

研究表明，在面对面的沟通中有65%的信息是通过非语言形式传递的。如果能够准确把握并有意识地运用语调、表情、手势等非语言信息进行沟通，能起到减少信息损耗、提高沟通效率的作用。

（四）运用反馈手段

在很多情况下，沟通之所以不能顺利地进行，就是因为缺乏反馈而产生了曲解和误解。没有反馈，表达者就无法知道接收者接收了多少正确信息。因此，表达者可以通过直接或间接的询问来确认接收者是否完全理解自己表达的信息，以便及时调整陈述方式，使接收者更好地理解。当然，反馈并不一定完全是语言上的表述，也可以是非语言式的，这可以从对方的动作和表情等方面看出，这种反馈有时更可靠，因为它们往往是接收者潜意识的流露。例如，你正在做大会发言，而听众们窃窃私语、注意力不集中，这说明你的发言没有引起听众的兴趣，你就需要对发言的内容做出相应的调整。

（五）把握好沟通的时机

沟通的时间、地点和方式都会对沟通的效果产生重要影响。在时间方面，当接收者正情绪低落或手头有紧要工作需要完成时，一般信息不会引起他的注意，与他沟通效果会很差。在地点方面，有的事情适合在办公场所沟通，有的则适合在非办公场所沟通。此外，沟通还要注意选择合适的方式。有的信息适合以公开的方式或正式渠道传递，有的则适合以非公开的方式或非正式渠道沟通。

有效沟通的技巧

实战训练

1. 课堂讨论

（1）有效沟通的原则有哪些？

（2）结合自身经历，举例谈谈沟通有哪些方法和技巧。

2. 分析案例，解决问题

3. 实务训练

善于沟通的秘书小徐

一直到现在，网络上还流传着一位女秘书的故事：2006 年 4 月 7 日晚，易安信（EMC）大中华区总裁回办公室取东西，到门口才发现自己没带钥匙，而此时他的秘书瑞贝卡已下班。总裁多次联系瑞贝卡，但对方一直未接电话，他勃然大怒，于是在凌晨通过内部电子邮件系统给瑞贝卡发了一封措辞严厉且语气生硬的“谴责信”。

邮件中说：“瑞贝卡，星期二我曾告诉过你，想东西、做事情不要想当然！结果今天晚上你就把我锁在门外，我要取的东西都还在办公室里。问题在于你自以为是地认为我随身带了钥匙。从现在起，无论是午餐时段还是晚上下班后，你要跟你服务的每一位经理都确认无事后才能离开办公室，明白了吗？”总裁在发送这封邮件的时候，同时传给了公司几位高管。

看到邮件后，瑞贝卡针锋相对，在两天后她通过邮件回复说：“第一，我做这件事是完全正确的，我锁门是从安全角度考虑的，这里不是没有丢过东西，一旦丢了东西，我无法承担这个责任。第二，你有钥匙，你自己忘了带，还要说别人不对。造成这件事的主要原因是你自己，不要把自己的错误转移到别人的身上。第三，你无权干涉和控制我的私人时间，我一天就 8 小时工作时间，请你记住中午和晚上下班的时间都是我的私人时间。第四，从到 EMC 的第一天到现在为止，我工作尽职尽责，也加过很多次的班，我都没有任何怨言，但是如果你们要求我加班是为了工作以外的事情，我无法做到。第五，虽然咱们是上下级的关系，但也请你注意一下你说话的语气，这是做人最基本的礼貌问题。第六，我要在这里强调一下，我并没有猜想或者假定什么，因为我没有这个时间也没有这个必要。”

在以如此强烈的语气回复了总裁的邮件后，瑞贝卡更是将此信发送给了 EMC 中国公司各分部的员工。所以，EMC 中国公司的所有人都收到了这封邮件。

这封信在 EMC 中国公司的员工中引起了轰动，在网上也引起了热议。

根据上述背景材料，围绕秘书如何与领导沟通进行分析讨论，并分角色进行模拟演练。

实训目的：

通过分析讨论、阐述报告及模拟演练，深刻理解并掌握有效沟通的要素，学会调整沟通心态，理解、掌握并学会运用有效沟通的技巧。

实训说明：

阶段	实训任务	要求
分析讨论	1. 本部分实训既可在课堂上进行，也可在授课后集中进行 2. 把全班同学分成若干小组，小组内讨论案例中的秘书和总裁沟通失败的原因，以及对你有什么启示	人人都要发言，力求观点全面透彻、有借鉴性及指导性
阐述报告	每组制作一份该案例的分析报告，并选派 1 名代表上台阐述，时间不超过 10 分钟	要注意口头语言与书面语言的转化
模拟演练	各组成员分别扮演秘书和总裁的角色，模拟演练秘书和总裁应该如何沟通。分别以总裁和秘书的身份，写两封邮件，深刻理解沟通能力对秘书职业的重要作用	要注意无效沟通与有效沟通在措辞等方面的区别
总结评价	教师及小组组长作为评委，对各组的分析和阐述及模拟演练结果进行评析	对有效沟通的要素进行详细总结

4. 课后拓展

“三人行必有我师”，评选班级沟通小达人，学习他的沟通技巧，总结方法，不断提高自己的沟通能力。

任务二 秘书协调工作

任务导入

中原文化教育有限公司副总经理傅明因一项对外业务，与总经理董关礼争执起来。后来，傅总在与办公室主任张成功外出时埋怨董总主观、武断、不尊重他的意见，导致决策失误，给公司经营造成了损失。张主任知道总经理与副总经理因工作意见不同，有些分歧。董总是一个有能力、有魄力、办事雷厉风行的人，但不太注意方法，在工作中得罪了不少人，员工对他这一点也颇有意见。傅总考虑问题周到，群众关系好，也关心他人，但决断能力差些。从心底讲，张主任在个人感情上更支持副总经理，但也理解总经理从大局着眼，做事情有自己的考量。今天，傅总谈起他与董总的分歧，明明是想争取张主任对他的支持。

任务提出

两位领导之间的矛盾看似与张主任无关，但公司管理层的关系和决策无疑会影响公司今后的发展，作为办公室主任的张成功，应该怎么做呢?

任务分析

秘书部门是单位的综合性办事部门。秘书人员的一项重要任务就是在自己的职权范围内或在领导的授权下，使各部门和人员相互配合、和谐一致，以实现公司的整体目标。这就是协调工作。在这种情况下，张主任不应该只顾及个人情感，而应该从公司的大局出发，积极协调好总经理和副总经理之间的关系，使公司管理层能够充分沟通、权衡利弊，从而做出正确决策。

必备知识

协调是秘书部门的一项重要职责和经常性任务。特别是现代社会分工越来越细、组织规模越来越大，管理工作更加复杂，协调的任务更加繁重，对协调的要求也更高、更严。因此，每个秘书人员都应该了解协调的相关知识，掌握协调的方法和技巧，努力做好协调工作。

一、协调的概念和内容

（一）协调的概念

协调是指使拥有共同目标的有关部门和人员和谐一致地开展工作，在各自的岗位上朝着一个共同的目标努力。协调的目的在于沟通有无、消除内耗、化解矛盾，把各方面的力量组成一股和谐统一的合力，以求取得最佳管理效果，实现共同的目标。

（二）协调的内容

秘书协调工作的内容是十分广泛的，大体可分为以下两种。

1. 事务协调

事务协调是指根据领导的意图，对各单位、单位内部各部门之间就有关文件制发、会议安排、工作和生活保障以及行政管理等方面的事务进行的协调。在秘书的日常工作中，事务协调是非常普遍的。比如，高效地组织内部机构协调运转，实现权责分明、分工协作，需要秘书进行大量的协调工作；为了提高工作效率，根据事务的轻重缓急、经济效益，对领导的工作部署进行协调；为领导做好服务，合理利用资金，对事务管理工作进行协调；等等。

2. 关系协调

关系协调是指在处理各种社会矛盾关系时所进行的协调，主要包括个人之间、单位之间以及单位与个人之间关系的协调等。办公室是单位工作的枢纽，担负着协调和联络的职责，在工作中经常需要协调各种关系。在秘书的工作实践中，主要是协调对上关系、对下关系、同级关系和群众关系等。

（1）对上关系的协调。

对上关系的协调是指秘书对与上级领导和领导部门关系的协调。对待上级要树立全局观念，尊重和服从上级，融洽和上级的关系，主动为上级分忧解难。

（2）对下关系的协调。

对下关系的协调是指秘书在将组织决策贯彻到各部门的同时，也应把各部门的意见和愿望传递给上层领导，使部门之间自觉地协调运转，积极为实现组织目标而努力工作。

（3）同级关系的协调。

同级关系的协调往往是处理某个问题，涉及几个相关部门的管理权限时，由秘书部门向相关部门说明情况、沟通信息、征求意见和交换看法。认识基本达成一致后，协商制定出大家认同的方案，由相关部门联名向上行文请示或向下行文决议，充分运用各部门的职权协调统一地解决问题。

（4）群众关系的协调。

秘书的工作性质决定了秘书人员要与各方面的群众打交道。协调好群众与单位的关系，使群众对单位有一种向心力、凝聚力和归属感，是群众关系协调的努力方向和目标。

二、协调工作的原则

（一）服从全局原则

在协调工作中，经常会出现局部利益与整体利益发生冲突的情况，局部利益服从整体利益是秘书人员在协调工作中必须遵循的原则。在协调处理问题时，秘书必须保持清醒的头脑，坚持从整体利益出发，说服有关各方从全局着想、从长远着想，否则就难以实现统一和协调。

（二）实事求是原则

在协调工作中，秘书人员务必做到实事求是。实事求是是协调处理问题的基础，在进行协调工作以前，秘书一定要弄清楚矛盾的来龙去脉，分析产生矛盾的原因，研究矛盾的症结所在。然后在此基础上提出协调意见，协助领导做出决定，尽量做到合情合理。

（三）平等协商原则

秘书在协调时应做到平等待人，以协商的语气进行对话。在协调工作中，秘书应注意不用命令的口气去处理问题，不管协调什么矛盾，都应该尊重被协调的各方，用平等的态度对待他们。秘书应理解和帮助被协调的各方，从他们的角度出发思考问题，真诚地为他们服务。

三、协调工作的步骤

秘书掌握协调工作的步骤，有利于提高协调能力和协调效率，达到协调的目标。

（一）找准问题

这是协调工作的开始，强调一要找、二要准。一要找，即秘书人员要主动深入实际、深入群众，通过调查发现需要协调解决的矛盾；二要准，即找准那些必须通过协调才能解决的问题，并找出问题的关键和矛盾的焦点，然后向领导汇报。

（二）拟订方案

通过对所协调问题的分析论证，提出切实可行的协调工作方案，包括协调的时间、地点和参与人员，拟采用的协调工作方法和所要达到的目的，并尽可能地设计出多套方案，陈述其利弊，请领导定夺。拟订合理的协调工作方案可避免走弯路，但也很难做到方案尽善尽美，需在协调工作的实施过程中不断加以修正。

（三）反复磋商

秘书提出的协调工作方案并不是一下子就会被接受，而是需要反复磋商。秘书应分别向各方进行解释、征求意见，并进行沟通，直至取得一致意见或制订出要落实的计划。计划应有目标、步骤和方法，并排出时间表。

（四）督促落实

实施协调计划既要有原则性，又要有灵活性，应瞄准协调目标，随机应变。对协调过程中出现的新情况、新问题，要及时向领导汇报，以便对计划进行调整。秘书对每一个步骤都要加以督促，并随时向各方通报情况，务求最终落实。

（五）检查反馈

计划落实之后并非一劳永逸，秘书仍应听取各方的反馈意见，经常关心、检查协调结果，并进行巩固。如果出现新的问题，秘书应进行下一轮的协调。

在协调工作中，秘书应认真地总结经验教训。对现实工作具有普遍意义的可以用简报的形式进行宣传；对具有重大意义的经验和做法应写成专题总结报告广泛推行。

四、协调工作的技巧

（一）捕捉有利的协调时机

在协调工作中，时机把握得好可事半功倍，时机把握得不好则寸步难行。协调对象在心情愉快、放松时，容易接受别人的意见和建议；当是非分明、领导的意图明确时，协调易取得成功；当有关方面认为需要协商、意识到共同利益的实现必须要靠协调时，协调能够很快取得成效。

秘书要善于抓住和利用有利时机与有利条件，协调各方共同解决问题。

（二）协调过程中的情绪控制

秘书在协调工作中往往会遇到各种障碍。遇到很难协调的问题或碰到难以合作的对象时，作为代表领导进行协调的秘书，必须为领导和自身树立良好的形象。如果对方出言不逊、态度蛮横，秘书必须冷静、沉着，不发火、不动怒，更不能甩手就走。应该善于控制情绪，这样有利于做好协调工作。

（三）协调工作中的换位思考

在实际工作中，由于各自所处的位置和看问题的角度不同，可能会产生很大的分歧。在这种情况下，协调人员不能简单地重申和强调自己的看法和意见，应该试着将自己置于对方的位置，结合对方的处境、情感及观点来考虑和解释共同的问题，以期求大同、存小异。

（四）协调工作中的语言技巧

协调工作的六字口诀

秘书协调领导间关系时的注意事项

（1）以情动人。说服别人的时候，激起对方的情感或许比激起对方的理性思考更为有效。

（2）巧妙利用数字。在对事实做精确的统计时，设法让干巴巴的数字生动起来，这样会有更强的说服力，并给人以更深的印象。

（3）重复强化。对一件事进行重申是加深对方认识的常用方法，特别是那些新鲜的观点，可以通过重复来使对方更快地接受。

（4）用名人的话来支持你的言论。名人的话往往有很强的说服力，可以省去双方许多不必要的对话。例如，介绍学习方法时可以引述一些自学成才的大学问家的话，介绍经商的经验时可以引述一些事业有成的大企业家的话。

实战训练

1. 课堂讨论

（1）秘书协调工作的步骤是怎样的？

（2）秘书协调工作的技巧有哪些？

2. 分析案例，解决问题

张主任的谎言

3. 实务训练

中原文化教育有限公司会议室正在召开总经理办公会，参加人员有董总、傅总和张主任，文员温暖负责做会议记录。因为人事安排上的分歧，董总与傅总当场吵了起来，温暖听了一会儿，附和了傅总几句，董总勃然大怒，这时张主任站了起来……

实训目的：

通过实训，了解秘书在协调领导间关系时应发挥的作用，理解在日常工作中应如何与领导相处，并注意自己的言行所产生的影响。

实训说明：

阶段	实训任务	要求
分组讨论	1. 本部分实训既可在课堂上进行，也可在授课后集中进行 2. 把全班同学分成若干小组，小组内讨论秘书应如何协调领导间关系	学生全员参与，教师随机指导讨论，15 分钟
模拟演练	在各组充分讨论的基础上，各小组成员分别扮演场景中的角色，将情节补充完整，并按完整的情节进行表演	20 分钟
总结评价	1. 教师组织学生共同评议，找出各组在协调领导间关系方面的优点和不足 2. 教师总结	20 分钟

4. 课后拓展

假设你所在的寝室因为某个室友晚睡而关系紧张，你作为寝室长应该怎么协调？请进行模拟演练。

项目九 文书处理

项目概述

文书处理是秘书的基本工作之一，做好文书处理工作不仅需要秘书具备良好的文字组织能力、语言表达能力和逻辑思维能力，还要求秘书具备较高的综合素养，如扎实的专业知识、认真的工作态度、高效的办事方法等。文书处理专业和妥当与否，不仅关系到公司印发文件的严肃性和权威性以及公司形象，还直接影响公司内部各项工作的开展以及工作效率。因此，秘书必须提高自我要求，认真对待文书处理的相关工作。

学习目标

知识目标

1. 了解收文处理的步骤和原则。
2. 了解发文处理的步骤。
2. 了解并掌握文书归档的原则和步骤。

能力目标

1. 能够按照正确的收文步骤进行收文处理。
2. 能够按工作需要撰写文书，并按照正确的程序发文。
3. 能够对文书进行日常整理和年终整理。

素质目标

1. 注重语言文字的训练，熟练掌握文书拟写的技巧。
2. 养成严谨的工作习惯，提高文书处理的质量和效率。
3. 树立多角度全面思考的意识，能够正确领会领导意图。

任务一 收文处理

任务导入

何寒雪是中原文化教育有限公司的前台秘书，刚进入公司不久的她对很多业务都还不熟悉。这天，快递员送来了一份文件，上面显示是河南省××教育协会年会的邀请函。何寒雪知道自己不能自行拆封，却又不知道交给谁合适，于是她拿着文件找到了负责办文的资深秘书李景，请教下一步该如何处理。

李景拿出一份收文处理程序图交给何寒雪说："这是咱们公司的收文处理流程，以后你在前台会经常接收或者签收文件及信件，最好尽快熟悉，以免出现错误延误工作。"接着，李景拆封文件并查看了邀请函的内容，得知年会将于两周后召开，他结合公司收文处理程序图，对何寒雪进行了讲解："收到文件后，如果封面没有标注明确的收件人，那么就需要交给我进行登记，我会根据文件内容，在'收文登记表'上标明收文时间、来文单位、文件标题、紧急程度等信息。然后，我会标注拟办意见，比如哪个部门或哪些人员适合参会，送呈董总审批。待领导批示后，根据批办意见，将文件交给相应的承办人员即可。需要注意的是，对于阶段性工作或者有时间限制的工作，办文秘书还需要根据办理时限进行催办，这样不但可以更好地督促承办部门提高效率，也可以防止文件处理工作出现遗漏或延误。"

任务提出

李景在对何寒雪进行指导之后，决定将这次的收文处理工作交给何寒雪来做，帮助她快速熟悉收文处理程序和业务流程。那么接下来，何寒雪都需要做哪些工作呢？

任务分析

收文工作是秘书办文工作的重要组成部分，一般都会由专人负责，需要严格按照步骤执行，这项工作对秘书的专业知识以及职业严谨性、敏感性有着很高的要求。

公司的收文处理程序一般包括签收、清点、登记、拟办、承办、催办、注办等步骤，而机关、单位的收文流程更加严谨。熟练掌握收文处理程序，不但可以更加快速地将文件登记分类、送呈领导，还可以通过拟办意见，准确地定位承办部门和相关人员，辅助领导做好决策，提高工作效率。

必备知识

收文是一项非常严谨的工作。一般而言，接收本单位之外的组织，包括党政机关或企事业单位、社会组织等通过各种渠道发送至本单位的文件，都可以称为收文。收文处理是秘书文书处理工作的重要内容，也是秘书岗位的重要职责之一。

一、收文处理的步骤

（一）签收

签收是收文处理的第一步，一般会由秘书或指定的专门人员来负责。在秘书可能接触到的各种类型的文书中，并不是每一件都需要履行签收手续，如行业刊物、私人信函等。但若收到的是正式文书，就必须严谨对待，认真根据流程进行操作。当秘书收到文书时，应先逐件进行检查，核对文书数量与投递单上标注的数目是否相符，然后逐项查看文书的发文单位、收件人、类型等内容。确认无误后，即可在投递单上签上姓名并注明签收日期。

（二）拆封

拆封又叫启封。单位接收的文书一般会指定专人负责拆封，未经同意，其他工作人员不得拆封，否则可能会导致泄露机密等问题。在拆封时，应小心裁剪，注意避免破坏信封内部的文书。在取出文书后，还应仔细查看信封内容，以免错过重要信息。

（三）清点

清点是对拆封后的文书进行检查核对的过程。秘书首先需要清点文书是否齐全完整，看文书是否有缺页、缺少附件、缺少印章等情况。随后，要仔细检查文书标题、编号、内容等信息与投递单是否对应。如发现问题，要及时联系发文单位补齐。

（四）分类

对于清点无误的文书，秘书需要根据不同的标准对它们进行分类整理，比较常见的分类方法有：按行文方向分类，如上级单位来文和下级单位来文应分别存放；按文件内容分类，如按照信函、行业资料、正式文书等类型分别整理。

（五）登记

登记就是对接收的文书进行详细的记录，一般需要在专门的收文登记表上进行登记。登记内容包括收文日期、来文单位、文书编号、文书标题、文书份数、签收人等，目的是日后工作涉及相关内容时方便查找，同时也有利于文书的统计和管理。收文登记表如表 9-1 所示。

表 9-1 收文登记表

序号	收文日期	来文单位	文书编号	文书标题	文书份数	签收人	处理情况	备注

（六）传阅

秘书在收到文书后，需要根据其内容甄别是办件还是阅件。如果是办件，就需要按要求进一步处理；如果是阅件，则需要根据文书的关联部门等信息，或者在请示领导文书的传阅范围后，发至相应部门进行传阅。

（七）分发

分发是指根据文书内容、类型和工作类别，将文书送达对应的部门或者领导手中。在分发文书时，秘书还要注意识别文书的紧迫性，对于紧急的或者有时间限制的文书，秘书在送达时应用便签条等方式进行特别标注并提醒收件人及时查阅。

（八）拟办

秘书这一岗位具有辅助领导进行决策的重要作用，而这一作用很多时候是通过拟办来实现的。拟办是指秘书在查阅文书之后，对于文书的诉求和处理给出建议性的初步意见，供领导批办时参考。拟办非常考验秘书的综合能力，如果能精准地把握文书的核心要义并给出有价值的拟办意见，不但可以协助领导及时、有效地处理文书，还能为领导大大节省时间和精力，提高办公效率。

（九）批办

批办是指领导对送呈的文书进行查阅、批示。领导的批办意见是下属具体执行工作的行动方向，因此尤为重要。在批办时，不但要保证时效，及时批示，还要用精准的文字表述具体方案。如批办不及时、不明确或指令不清晰，都可能会造成后期工作的延期或失误。

（十）承办

承办是文书处理程序的核心环节。简言之，承办就是根据领导的批办意见，由相关部门或人员具体执行或办理的过程。可以说，一份文书自发出后，到了承办环节才开始真正产生实质性作用和影响。在承办时，承办人员首先要认真研究文书内容和批办意见，准确领会领导意图，然后根据要求开展工作，认真贯彻落实文书内容。

（十一）催办

催办是指秘书对已经在办理过程中的文书进行催促。在收文登记后，秘书已经掌握了文书的时限要求、缓急程度等信息，因此对于办理时间即将截止的文书，或者上级来文等重要文书，秘书可定期进行检查，催促相应部门加快办理进程，保证工作及时完成。

（十二）注办

注办是指承办人员对工作处理过程中的重要内容进行详细的记录，比如针对某项工作何时召开了会议、会议讨论结果、何时进行市场调研、何时支付了资金、何时与对方公司进行沟通以及沟通的结果是什么等。注办最大的作用就是在日后查阅相关工作情况时，可以进行快速的回顾。

（十三）督办

督办是秘书跟踪领导批办工作进行情况的一种重要方式，具体是指秘书根据领导的批示，关注工作处理过程和进展，进行监督落实。通过督办，秘书可以及时发现工作推进过程中遇到的问题和阻力并向领导汇报，然后根据批示意见，协助解决问题，促进工作的高效完成。

二、收文处理的原则

（一）合理分类

秘书在处理文书的过程中要注意以下两点：一是要特别注意区分文书的类型，对不同类型的文书采用不同的收文处理流程，如有些文书查阅即可不用登记处理，有些文书秘书可以独自办理，有些文书需要送呈领导，有些则不但要交给领导，还需要给出合适的拟办意见。秘书要仔细斟酌后再进行恰当的收文处理。二是要根据轻、重、缓、急进行合理分类，对于急件、要件要在送呈领导时特别提示，在办理过程中要特别关注，以免发生延误。

《党政机关公文处理工作条例》中的公文种类

（二）灵活调整

收文处理程序虽然非常明确，但也不是一成不变的。每个单位的运行机制、管理制度、部门设置都有所不同，因此收文处理程序应该“因地制宜”，可以根据需求进行灵活调整。比如初建或者人数规模较小的单位，可以根据人员分工和实际情况对部分收文处理程序进行适当的简化处理。

（三）注重反馈

收文处理的最终目的是保证文书的正常流转，保证工作的有序进行。但是，要注意收文处理的每个环节之间并不是割裂的，处理过程中的相关部门、人员应该紧密配合，并通过建立工作跟踪反馈机制，对工作推进过程中出现的问题、工作完成效果、客户或市场反馈等信息进行记录，通过高质量办文提高工作效率。

实战训练

1. 课堂讨论

（1）秘书的收文处理程序都有哪些步骤？

（2）收文处理的原则有哪些？

（3）文件交给承办人员之后，为什么还要有催办和督办等环节？

2. 分析案例，解决问题

真的越简单越好吗？

3. 实务训练

请根据“任务导入”中的背景材料，围绕公司收到的河南省××教育协会年会的邀请函，以小组为单位，列出收文处理程序，同时组员分别扮演办公室前台秘书何寒雪、办公室秘书李景、总经理董关礼以及承办人员模拟演练收文处理过程。

实训目的：

通过实训，加深对收文处理程序各个步骤的理解。

实训说明：

阶段	实训任务	要求
分组讨论	1. 本部分既可在课堂上进行，也可在授课后集中进行 2. 全班同学分成若干小组，组内明确分工，一人扮演何寒雪、一人扮演李景、一人扮演总经理董关礼，一人扮演承办人员（可自主设定），其他同学撰写收文处理程序，并准备好收文处理过程中的相关表格 3. 小组内讨论收文处理程序都有哪些步骤，应该交给哪个部门承办，并记录说明	学生全员参与，教师随机指导讨论，15 分钟
模拟演练	在各组充分讨论、练习的基础上，请各个小组轮流在讲台上通过角色扮演的方式展示收文处理程序	25 分钟
成果展示	每个小组展示完成后，需由 1 人对收文处理中使用的表格进行阐述和展示，并说明承办人员设定的依据	15 分钟
总结评价	1. 教师及各小组组长作为评委，对各组的讨论和阐述及模拟演练结果进行评价 2. 教师总结	5 分钟

4. 课后拓展

请根据所学内容，对自己平时从班级群、学院网站等渠道收到的通知、公告、比赛成绩单等文件，以及平时完成的练习、作业、策划书等文档进行分类整理。

任务二 发文处理

任务导入

这天，因业务交流需要，中原文化教育有限公司总经理董关礼带领办公室主任张成功、办公室文员温暖一同前往本地颇具知名度的一家文化传播公司学习考察。董总一行在相关人员的陪同下，参观了该文化传播公司的各个业务部门办公室、会议室、后期制作室等场所，并通过交流会了解到对方在工作开展过程中采用了项目全程跟踪制：一个项目从立项开始，凡参与过的部门都需要全程跟进项目进展并积极配合，而不是以往的流水线形式，一个环节结束后流转到下一个部门，前面的部门完全不过问后面的事。董关礼认为，这样的管理机制不但有利于更快地推进项目，还有助于加强各个部门之间的联系，提高公司整体的团队凝聚力。于是，在考察结束后回公司的路上，董关礼让温暖回去后起草一份在公司施行项目全程跟踪制的文件。

第二天一早，温暖就根据自己昨天在企业考察中的记录，按董总要求起草了一份文件，她想这份文件是董总直接要求的，于是没有多想，在文件起草完成后便打印出来直接送到了董总办公室。当时董总正在接电话，他挥手示意温暖把文件放下后离开。下午，办公室张成功把温暖叫到了办公室询问："你是把写完的文件直接送到董总办公室了吗？"温暖回答："是的，主任。"张成功皱着眉头沉默了一会儿说道："你是新人，对公司的情况不够了解，写完的文件应该首先交给昨天同样参会的我或者负责办文的秘书李景审核。刚刚董总给我打电话了，他很生气，说这个文件就像是一份会议记录，内容几乎完全是对别人公司的照搬，没有考虑咱们公司的实际情况，而且格式和措辞也有问题。"温暖顿时紧张得说不出话来。张主任看到温暖的样子，说道："这份文件你先不用管了，我来修改。你刚来公司，工作出错也正常，这是公司的发文流程和一本关于如何撰写文书的书，你抽空抓紧学习，而且一定要尽快熟悉公司各项工作的流程和制度，相同的错误可不能再犯了。"

任务提出

董总让温暖起草一份在本公司实施项目全程跟踪制的文件，在起草这份文件的过程中，温暖需要考虑哪些注意事项？

任务分析

对于秘书来说，文书撰写是必须掌握的基本技能之一，而公司的发文处理程序并不是撰写完成后提交就结束了，而是需要经过拟稿、审核、签发、缮印、校对、用印、登记、分发等环节。

温暖在草拟文件后，没有经过上级秘书或办公室主任的审核就直接交给了领导，这显然违反了发文工作的流程。在拟文的过程中，温暖也没有从公司的实际情况出发，而是直接生硬地照搬了其他公司的制度，造成了耽误领导时间、工作出现返工的情况。

发文处理是一项非常严谨的工作，对单位外部发文能反映出公司的专业度和形象，而对单位内部发文则直接影响领导的决策能否准确地上传下达。秘书在撰文时，首先要明确撰文的目的，领会领导的真实意图，然后根据需求选择合适的文种，基于单位实际情况开始拟稿，切忌生搬硬套。在文书的初稿拟好后，应该严格按照公司的发文处理程序进行发文。

必备知识

一、发文工作的积累

发文是秘书的重要职责之一，涉及文书的拟稿、审核、签发、缮印、分发等一系列环节。为了提高发文工作的质量和效率，秘书需要进行专业知识的学习，并且注重以下几个方面的积累。

（一）政策与法律法规积累

经常起草文书的秘书应持续关注和学习国家相关政策以及法律法规，确保发文内容符合最新的政策和法律法规要求。同时，秘书需要熟悉相关行业标准和规范，确保文书的专业性和准确性。

（二）写作技能积累

优秀的写作能力也是秘书的必备技能之一，秘书需要根据工作要求，撰写不同类型、文种的文书，因此必须扎实学习并掌握不同类型文书的基本格式和风格，如通知、报告、请示、决定等。此外，秘书还要学习如何更加清晰、准确、简洁地表达观点，避免使用模糊不清或者过于复杂的表述。

（三）业务知识积累

秘书需要全面了解本单位的业务范围和工作流程，以及单位近期的工作重点和业务发展方向，只有这样才能从单位实际情况出发，在精准把握业务内容的前提下高效率地完成撰文工作。此外，秘书还应该随时关注行业动态和发展趋势，对相关资料进行收集整理并建立自己的资源库，以便写作时快捷地查阅相关数据和素材。

二、发文处理的步骤

（一）拟稿

拟稿即草拟文书，是发文的第一道程序，主要是指根据领导需要传达的信息或要处理的事务，由相关责任人或秘书起草文书。在草拟文书时，除了要注意文书结构的合理性、内容的准确性和表述的清晰性，还有两个问题需要格外注意。

1. 要正确选择文种

首先，每一个文种都有固定的格式和规范，正确选择文种有助于保证文书的规范性和正式性；其次，正确的文种能够体现文书的权威性，尤其是在发布政策性文书或决策性文书时，文种的选择对保证文书的权威性至关重要；最后，正确的文种能够提高工作流程的效率，避免文种不当导致的误解或重复工作。

2. 要正确领会领导的意图

正确领会领导的意图是职场中非常重要的一项能力，也是秘书在文书中清晰传达领导指示和决策的前提。首先，要学会仔细聆听，当领导交代任务时，要全神贯注，避免分心，最好用本子记录关键词辅助记忆；其次，要及时提问和确认，对于领导的指令，如果有不明白的地方，可以直接表示有疑问并提出问题，以确保完全正确地理解任务及具体要求。

（二）审核

审核是指在文书的初稿完成后，提交给有审核权限的人员或部门进行审查。秘书或者相关责任人完成初稿后，在送呈领导审批前，应该交由更有经验的资深秘书进行审核。在审核过程中，需要注意文种的选择是否恰当、行文格式是否符合文书要求；文书内容是否符合政策、法律法规及组织规定；提出的措施和办法是否符合实际、切实可行；文字表达是否准确无误、简明扼要、条理清楚等。

（三）签发

文书签发指的是单位领导在审核通过的文书完成稿上签署自己的意见、姓名和时间，从而使文书产生效力的过程。文书一经领导签发，即确定当前版本为印制和发出正式文本的标准依据。

（四）缮印

缮印是指对经过审核、签发的文书进行誊抄或打印的过程，以确保文书的准确无误和规范性。缮印工作必须以签发稿为依据，要严谨细致、认真规范并确保内容质量。要想做好缮印工作，需要注意以下几个方面。

1. 格式核对

根据文书的格式要求，仔细检查并调整文档的版式，包括字体、字号、行距、页边距等。再次核对文书内容是否与签发稿一致，确保在誊抄或打印过程中没有遗漏或错误。

2. 打印装订

使用合适的打印设备将电子文件打印成纸质文件，并逐页检查文件有无缺印、漏印、错印或者字迹不清等情况。在打印完成后，需要按照规定的顺序进行装订，一般正文在前，附件在后，以确保文书分发和查阅的流畅性。

（五）校对

校对是指对纸质文件的底版或样本进行校订、核对的工作，也是保证文书质量的重要环节。在进行文书校对时，应重点核对以下内容：根据领导签发的定稿进行校对，查看打印样本上有无错字、漏字、多字等情况；检查打印样本的格式，看标题是否居中、段前是否有空格、页码是否连贯、有无换页换行错位等情况；再次核对文稿中的政策引用是否正确、使用的数据和专业术语是否有不恰当的地方。

（六）用印

发文用印是指在文书处理过程中，在经过审准的正式文件上盖上公章，使其具备法定效力和正式性的操作。一般而言，未经盖章的文书，不产生相应效力。因此，发文用印是文书处理的一个重要环节，标志着文书已经经过了严格的审核和批准流程，具备了正式的法律效力。用印具有以下几方面的特征。

1. 规范性

发文用印必须遵循发文处理的相关流程和规定，印迹应端正、清晰、整洁，确保文头的发文机关标识与落款处的印章一致，以保证文书的正规性和合法性。

2. 正式性

文书经过用印后，就具备了传达政策、决策和规章的正式性，可以在单位内部参照施行。对外发文或者通信时加盖印章，更是单位严谨和重视态度的体现。

（七）登记

发文登记是指对文书的发文日期、发文单位、文书编号、文书标题等关键信息进行记录的工作。发文登记对提高工作效率、促进协作和加强监督管理都有重要作用。通过详细的发文登记，可以为发文信息的统计、催办以及查询等工作提供依据，便于管理者和相关人员进行查阅和追踪，同时也可以为日后的档案管理提供便利。发文登记表如表 9－2 所示。

表 9－2　发文登记表

序号	发文日期	发文单位	文书编号	文书标题	文书份数	接收人	处理情况	备注

（八）分发

文书分发是指将已经审核批准并印制完毕的文书按照发送范围发送到指定的部门或个人的工作环节。规范的文书分发有助于提高组织运作的透明度，使员工了解组织的最新动态和决策，从而促进跨部门的协调配合，这对确保组织内部信息的准确传递、提高工作效率、加强责任追踪、维护组织秩序等方面都具有重要意义。

《党政机关公文处理工作条例》中的公文格式

微课：秘书发文处理程序

微课：公文的制作

实战训练

1. 课堂讨论

（1）办公室发文处理程序一般都有哪些步骤？

（2）在进行缮印工作时，有哪些注意事项？

（3）为了做好发文工作，秘书需要积累哪些知识？

2. 分析案例，解决问题

3. 实务训练

请参考“任务导入”中的背景材料，用表格的形式列出公司发文的正确流程，以及每个步骤需要做的具体工作。

缮印的失误

实训目的：

通过实训，加深对发文处理程序的认识。

实训说明：

阶段	实训任务	要求
讨论分析	1. 本部分实训既可在课堂上进行，也可在授课后集中进行 2. 学生自由讨论发文的正确流程、每个步骤的具体工作及其必要性	学生全员参与，教师随机指导讨论，10 分钟
绘制表格	在充分理解课堂学习内容和相关知识的前提下，在练习本上自行画出表格，在表格中列出公司发文的正确流程，以及每个步骤需要做的具体工作	20 分钟
成果展示	所有同学完成任务后，由教师随机挑选 3 名同学上台展示自己的流程表，并进行详细阐述	每人 3 分钟
总结评价	1. 教师组织同学们自由点评，找出 3 名同学所制表格的优点和不足 2. 教师总结	5 分钟

4. 课后拓展

以“××专业××班级管理制度”为题，结合自己学校和班级的实际情况，撰写一份有助于加强班级管理的文件。

任务三　文书归档处理

任务导入

临近年终，秘书李景将文员温暖叫到了办公室，告诉她每年这个时候都要进行公司文书的归档工作，本次文书归档工作需要她来协助完成。李景把厚厚的一摞文件交给温暖，让她先自己进行初步的整理，三天后两人再一起进行更加细致的整理。温暖进入公司已经有两个月的时间，其间也撰写过一些文书，她认为，按照公司内部文书和外部文书进行分类是最清晰的，于是她将所有文书浏览了一遍，按照公司内部文书和外部文书两个类别进行了整理，然后又将这些文书按照时间顺序由远及近进行了排序，最后将分类整理好的文书放入了两个档案盒中，并在封面上做好了标注：××××年公司内部文书和××××年公司外部文书。

三天过去后，李景问温暖文件整理得怎么样了，温暖自信满满地将两个档案盒抱到了李景的办公桌前，李景打开后翻看了几页，抽出了一张纸，叹了口气说道："温暖，我们进行文书归档的最大目的，是今后开展相似或者相关工作时方便查找和参照，但并不是所有的文书都需要留档，你看这一份文书的内容是端午节的放假通知以及放假前相关工作的节点安排，这类文书是不需要归档的。文书归档不是把文书分类摆放这么简单，而是要在明白归档整理意义的前提下，确定需要归档的文书范围，再进行系统的整理，这才是有效的文书归档工作。"

任务提出

在这次公司文书的年终归档工作中，温暖有哪些地方欠缺考虑？下一步，她该如何改进自己的工作呢？

任务分析

文书归档工作听起来简单，实际操作起来却并不容易，需要耐心、细致地按照规范的流程进行操作。在这次公司文书的年终归档工作中，温暖并没有理解归档工作的意义所在，忽略了文书归档的最大目的是今后开展相似或相关工作时方便查找和参照，所以采用了公司内部文书和外部文书的标准进行分类，并且不加选择地对所有文书进行了归档，扩大了需要归档的文书范围，增加了自己的工作量，也提高了以后查询的难度，适得其反。

温暖今后要加强对文书归档相关知识和技巧的理解。一般来说，文书归档分为日常整理和年终整理。日常整理首先要做的就是收集文书材料，然后根据文书的类型、处理进度等进行标记和分类。年终整理则需要在日常整理的基础上，进行更加细化的操作，不但要根据需要归档文书的范围对所有材料进行进一步的筛选，还要对同一件事的相关文书进行集中整理，再将所有的文书按照一定的顺序排列，然后对文书进行编号，并制作文书归档目录，收进档案盒妥善存放。

必备知识

办公室秘书每天都会接触到各种类型的文书，如信件、通知、商洽函、报告等，要想做好文书归档工作，就必须清晰掌握文书归档的相关知识，熟悉文书归档的概念，了解文书归档的范围，遵循文书归档的原则和步骤。

一、文书归档的概念

文书归档是指对单位在各种活动中形成的有查考价值的各类文件材料进行规范化、系统化的整理，使之有序化并转化为档案的过程。它不仅是对文件材料的收集整理过程，更是一种信息管理方法，能够确保信息的有效传递和长期保存，对单位重要业务的持续开展和项目的跟踪反馈具有十分重要的意义。

二、文书归档的范围和保管期限

（一）需要归档的文书

（1）反映单位主要职能活动的文件材料：如规章制度、组织规范、干部任免、劳动薪资、惩罚奖励等文件，这些材料体现了单位日常工作的规范流程和重要决策依据，是保证单位正常运转的关键基础，应当妥善保存。

（2）具有凭证价值的文件材料：如单位成立、合并、撤销、更改名称、启用印信等的相关文件，这类文件在法律、财务和行政等方面具有重要的凭证作用，也是单位合法运营及正常运转的前提和保障。

（3）上级单位的来文：主要是上级部门下发的与本单位有关系或需要贯彻执行的指示性、指导性文件，如与本单位有关的决议、决定、命令、条例、规定、计划等。

（4）重要会议的相关资料：如会议通知、报告、决议、总结、纪要、简报、记录、领导讲话、重要发言、录音文件、照片等。

（5）具有历史参照作用或其他保存价值的文件：如记录单位发展的重要节点、重要活动的大事记、简报、照片、视频或者刊物，以及涉及单位研发、生产、服务、经营和管理等方面的文件等。

（二）文书的保管期限

文书的保管期限需要综合考虑文书性质、价值等因素来确定，通常分为永久保管和定期保管两种，具体如下。

1. 永久保管

永久保管适用于那些具有长期或不可替代价值的档案，如政策性文件材料，以及与重要会议、重大活动相关的主要文件材料。比如企业在设立、合并、分立、改制、上市、解散、破产或其他变动过程中形成的文件材料，以及董事会、监事会、股东会的相关文件材料。

2. 定期保管

一些在日常运作中需要但不必长期保存的文件材料，如一般的行政文件、会议记录等，通常会选择定期保管。定期保管的期限一般为 10 年或 30 年，涉及人事、会计的文件材料还可能会有专门的规定，这取决于文件材料的性质和价值。

三、文书归档的原则

（一）保证文书的完整性

保证文书的完整性有两个方面的含义。一方面，文书归档时需要保证单份文书的完整：文书装订整齐、没有漏页，并且文书内容不得删改，需完整保留；另一方面，文书归档时还应注意按“件”归档，如关于同一个项目或同一项工作的请示、批复、通知、公告、会议材料、项目报告等文书应该收集到一起，按“件”合并。

（二）区分文书的价值

不同类型的文书因查考价值不同或政策要求不同，所需的保管时间也有所不同，在文书归档时应对文书价值进行区分，从而按保管期限进行分类整理，这样不但有利于按时间节点快速查找文件，还有利于重点保存那些具有重要价值的文件。

（三）方便管理和查找

文书归档的根本目的是方便保管和后期查考，所以，无论文书归档采用何种分类方法和标准，都需要严谨而认真地对待，在保证文书完整性的同时，按照便于保管和查阅的思路进行整理。

四、文书归档的步骤

（一）文书归档的一般步骤

1. 收集文书

收集所有应归档的文书，包括收的文、发的文。

2. 文书筛选和确定保管期限

根据归档范围对现有文书进行筛选，其中对符合归档范围的文书要认真核对内容，对不符合归档范围的文书可以进行销毁处理。在筛选完成后，还需要再根据文书的重要程度、保管价值等确定保管期限。

3. 装订加固

将文书按一定顺序装订加固，一般正文在前、附件在后，转发文与被转发文应合并为一“件”进行处理。

4. 编填页码

如果原文书页码齐全则不必重编，如果原文书没有页码或者页码不全，则应在文书每一页右上角或右下角用铅笔标上序号。

5. 分类排序

按照年度、工作类型、保管期限、行业方向等标准对文书进行分类，并在分类的基础上，按照时间顺序进行排序。

6. 归档装盒

文书整理完毕后，应该加盖归档部门印章表示已经核对并归档，然后就可以进行下一步的装盒工作。要注意，在文书装盒时，应根据盒内文书的顺序细致填写案盒文件目录表，以便今后快速查阅。

案盒文件目录表

（二）文书的日常整理与年终整理

文书的日常整理是确保信息管理有序和高效的关键步骤，文书整理工作贯穿于秘书的日常工作之中，虽然具有碎片化的特征，但却是一个系统的过程。文书的日常整理需要细心和耐心，通过有效的整理，可以大大提高文书的安全性和利用率。文书的年终整理则是一个更加系统的过程，具有规范性、严谨性、阶段性的特征，往往在年末或者次年年初特定的时间段进行，并由专人负责完成，旨在确保所有应归档的文书都能够被及时、妥善地保存和管理。

文书的日常整理与年终整理在归档内容和步骤上基本相似，但是两项工作还存在着一些差异。首先，目标不同。日常整理主要是为了保证文书的连续性和可检索性，确保在日常工作中能够快速找到所需文书；年终整理则是为了完成年度归档工作，确保所有应归档的文书都被正确保存。其次，范围不同。日常整理所涉及的通常是新产生的或最近使用的文书；年终整理则是对整个年度内产生的所有文书进行全面的梳理和归档。最后，频率不同。日常整理是一个持续的过程，可能需要每天或每周进行；年终整理则是一个周期性、阶段性的工作，通常在每年的年末或次年年初进行。

总的来说，日常整理与年终整理各自承担着不同的功能和责任，共同确保单位文书的有效管理，为单位各项业务的发展提供支持和保障。

电子文件的归档处理

《党政机关公文格式》中的版面及装订要求

实战训练

1. 课堂讨论

（1）需要归档的文书都有哪些？

（2）文书归档的步骤是怎样的？

文书归档的误区

2. 分析案例，解决问题

3. 实务训练

在“任务导入”中，温暖所在的中原文化教育有限公司是一家大型文化传播与教育科技公司，业务主要包括文化类会议会展服务、展览展示活动承办；企业文化策划、营销、咨询服务；职业教育咨询（中介服务除外）、培训、资源交流制作、软件开发；广告设计、制作、代理、发布等。请根据该公司的业务范围，列出该公司日常工作中可能会收发哪些类型的文书，并标注出这些文书中哪些需要进行归档处理。

实训目的：

通过实训，更加深刻地理解文书归档的范围和步骤。

实训说明：

阶段	实训任务	要求
分组讨论	1. 本部分实训需在课堂上进行 2. 把全班同学分成若干小组，小组内自由讨论温暖所在公司可能收发哪些文书，以及哪些需要归档、哪些不需要归档	学生全员参与，教师随机指导讨论，15 分钟
成果记录	每组指定 1 名同学为记录员，根据小组讨论结果，用表格的形式进行记录	10 分钟
成果展示	教师随机挑选 3 个小组进行成果展示，每组派 1 名代表讲解本小组在表格里罗列了哪些文书，以及部分文书需要归档处理的依据	10 分钟
总结评价	1. 教师组织学生共同评议，找出参与成果展示的 3 个小组在文书归档工作中的优点和不足 2. 教师对比各个小组罗列的文书的异同，引导学生加深对所学知识的理解	10 分钟

4. 课后拓展

收集并整理过去一年在校期间自己所参与的所有课程和学习活动的资料，包括课堂笔记、教学课件、学习资源、参考文献等，按照文书归档的方式，对它们进行分类整理并建立档案目录，养成良好的学习习惯。

项目十 信息工作

项目概述

当今社会已进入信息时代，信息成为社会各行各业发展的重要战略资源，与人才、能源、材料共同构成了社会发展的四大支柱。作为组织中信息资源的集散中心，秘书部门对信息的获取、存储、处理、利用等在某种程度上决定了一个组织的发展前景。因此，信息工作已经成为秘书工作的生命线，无论是秘书的三大基本职能——办文、办会、办事，还是其他职能，如辅助领导决策、协调各部门工作等，秘书所掌握的信息的数量与质量均对其各项职能的履行起着决定性作用。

学习目标

➢ 知识目标

1. 了解秘书信息工作的基本知识。
2. 熟悉秘书各项信息工作的流程和方法。

➢ 能力目标

1. 掌握秘书信息工作的基本技能。
2. 能够按照工作需要进行信息的获取和存储、处理和传递，以及利用和反馈。

➢ 素质目标

1. 培养敏锐的信息意识和作为决策参谋应具备的信息素养。
2. 遵守信息工作中的道德准则和行为规范，自觉维护信息安全。

任务一 信息获取和存储

任务导入

国外某公司将于近日到中原文化教育有限公司考察，并有意签订合同。中原文化教育有限公司总经理得知这一消息后，立即找来秘书李景和王丹，要他俩尽快写出两份内容翔实的材料：李秘书负责写一份介绍公司几十年来发展情况的材料；王秘书负责写一份说明公司产品销售情况的材料。两份材料均要准确、全面。总经理一再强调，一定要尽快完成任务。他还问两位秘书："你们要不要找人帮忙收集数据？"李景表示不需要，而王丹回答："最好找个人帮忙。"

李景担任办公室秘书已近五年，一直留心收集公司的各种资料，有关本行业、本公司的各种统计数据均细心收集保存，并分门别类，装订成册，平时经常翻阅，早已烂熟于胸，所以接到任务后，他翻出所需资料，一个晚上就草拟好了稿子。第二天一早，李景就把材料交给总经理审阅。可是到下午三点，还不见王丹来交材料，总经理派人去催问，王丹回答说有些数据还没有找到，有些数据需要核实。总经理只好找来李景，要他再辛苦一下，把王丹的那份材料也写出来。

资料来源：董险峰．秘书原理与实务（含实训）[M]．杭州：浙江大学出版社，2014.

任务提出

从以上案例来看，你认为秘书平日应该注意收集哪些方面的信息？联系实际，谈谈秘书在信息收集中应当注意的事项。

任务分析

信息是一种重要的资源，在领导决策过程中具有重要的地位和作用。秘书应该充分认识到信息工作的巨大价值和重要性，在工作中培养经常收集信息的意识，养成收集信息的习惯，并建立自己的信息库，为发挥秘书效能提供坚实的信息资源支撑，从而更加有效地促进组织的发展。

李景是一位善于开发信息资源的高手，平时养成了良好的信息收集习惯，因而迅速完成了任务，但王丹却因为无法及时找到相关资料而迟迟写不出材料。像李景这样拥有良好的信息收集意识和习惯的员工是一个组织发展的必备人才。

秘书在收集信息的过程中要注意以下事项：第一，信息收集要广泛，只有广泛收集不同层次、角度、人员、行业的信息，才有利于全面思考问题；第二，要注重收集原始资料，越是真实的、第一手的资料，信息的"含金量"越高，要特别注意资料中的时间、地点、人名、数字和引文等容易出现问题的关键点；第三，信息收集要有预见性、相关性，即针对某个问题或某项业务活动而收集的所有信息都要与此问题或业务活动相关。秘书要善于从零散信息中发现有规律性的内容、从表面信息中发现事物的本质、从已知信息中推导出未知的信息，从而开发出信息的重要价值，并实现信息的增值。

必备知识

一、信息的概念

信息的概念有广义与狭义之分。从广义上讲，信息是指对物质世界各种事物的存在方式、特征、形态和运动变化的客观描述，它是事物的一种客观属性，是一种客观存在，与人们主观上是否感觉到它的存在没有关系，例如，高山流水、日出日落、花开花谢等。从狭义上讲，信息是指能被信息接收主体所感受到并理解的东西，一般有四种形态，即数据、文本、声音和图像。本项目所说的信息，即指狭义的信息。

二、信息对秘书工作的作用

秘书工作中的信息是指反映秘书工作及其变化、发展情况的资料以及为满足秘书工作的需要而提供的消息、情况、动态、问题等相关资料。信息与信息处理渗透在秘书工作的各个方面。

（一）信息是秘书辅助领导科学决策的依据

领导的主要职能和核心工作是决策，信息是科学决策的基础和依据。尽管领导可以自己获得决策信息，但他们更需要秘书人员为其提供足够的信息来作为决策依据。科学决策的每一个步骤都离不开准确、全面、适用、有效的信息支撑。分析问题、确定目标、拟订方案、实施计划等，必须对过去和现在的各种信息进行收集、归纳、推理、判断、评价、传递和利用。作为领导助手的秘书，掌握信息的有关知识，增强信息意识，认真做好信息的收集、加工、传递、存储等一系列工作，才能充分发挥和体现秘书的参谋、辅助作用。

（二）信息是认识事物的媒介、沟通各方面的纽带

各级、各类组织都不是孤立存在的，事物间是普遍联系的，这些联系的纽带就是信息。通过信息这一媒介，人们可以充分认识和有效利用各类事物。信息是沟通组织各方面的"神经系统"，秘书部门通过信息纽带沟通各部门，使其明确分工、积极配合、消除矛盾，构成一个协调一致的统一体，提高整体工作效率，进而实现组织目标。

（三）信息是秘书做好日常服务工作的基础

秘书作为领导的参谋、助手，服务领导和各部门是其最为重要的职能之一。例如，把领导的指示、意见传递给有关部门，把有关部门贯彻落实领导指示的信息反馈上来，这一切工作均离不开信息工作。

三、信息获取

（一）秘书获取信息的范围

秘书部门是组织中的枢纽，传递、处理各种信息是其重要任务之一。组织中每天都有大量的信息资料经由秘书人员处理。同时，秘书部门一般都配备了相应的办公设备（如复印机、传真机、文字处理机、计算机、录音录像机、照相机等），为秘书人员全面及时地收集、积累和加工信息资料提供了便利。

通常秘书应注意以下几个方面信息的获取：（1）基本指导性方针政策、决策指示等资料；（2）与公司业务相关的国内外信息；（3）关于组织情况的动态性资料；（4）领导需要的经验性信息和特殊资料；（5）秘书本人起草的各类文稿资料；（6）与公司业务相关的通信资料；（7）综合性和专业性工具书类资料。

（二）秘书获取信息的途径

秘书获取信息的途径主要有以下几种。

秘书获取信息的方法

1. 各种信息网络

目前，各种全国性或地区性乃至行业性、单位性的信息网络纷纷建立，各单位的秘书部门可以充分利用这些信息网络来及时收集信息资料并进行积累。

2. 上下级之间以及与不相隶属机构或平行部门之间来往的公文

公文是进行管理和处理公务的一种基本工具，其中包含着大量的信息，可以有选择地进行收集和积累，作为资料长期使用。

3. 各种会议

各种会议都会产生、交流或传播特定的信息，这些信息以文字、录音、录像、图片等各种形式固定下来并被人们所利用。秘书人员常常参加各种形式的会议，只要有心，就可以收集并积累许多有用的信息。

4. 社会专业性信息机构

这是指各级各类信息中心、图书馆、信息所、档案馆、博物馆、咨询调查机构等，这些机构可以提供相对集中的专题性信息，并且掌握的信息量非常大，是全社会的一笔宝贵财富，并有待于深入挖掘、开发和利用。

5. 大众传播媒介

报纸、杂志、广播、电视等构成了一种开放性的信息渠道，即大众传播媒介，公众可以方便、快捷地由此渠道获得相关的信息资料。

6. 邮政、电信、航空、铁路、公路、旅行等公共服务行业和部门

这些行业和部门提供的信息对秘书工作来说常常是有直接作用的，例如接待来宾、安排旅行、电信业务、会务工作、邮政事务等。需要注意的是，这些行业和部门提供的信息经常会更新或有所变化，应注意收集最新的信息并加以利用。

7. 各种科研机构、专利机构和学会、协会、研究会等非官方机构

这些机构可以提供大量专业性的信息，如最新的科技动态信息、先进技术资料、专

利资料等，对于企业来说，它们都是值得重视的重要信息来源。

8. 政府有关主管部门

各行各业的企事业单位，从其性质来看，总有一定的政府主管部门与之发生联系。例如，各级各类学校要接受教育主管部门的领导或指导，各种规模的企业要接受市场、税务等部门的监督等。这些部门所提供的信息，对于与其有紧密联系的单位来说，自然是较为重要的。

9. 本单位的分支机构

这是指企业设在世界或全国各地的销售网点、售后服务站或代理机构、分公司等。这些机构可以提供最新的动态信息，尤其是反馈性信息，这对企业了解和掌握市场行情、预测未来发展趋势往往具有重要的价值。

10. 各种生活娱乐场所

例如，影剧院、宾馆、餐厅等。在这些场所，往往可以得到零星但真实反映大众心声和愿望的信息。这些信息一般以口头形式传播和交流，需要秘书人员及时记录和整理，才能较为方便地保存和利用。

四、信息存储

信息存储，即以文字、图像等形式，借助计算机等媒介对收集加工后的信息进行记录，并保管起来，以供查考、利用，服务于秘书自身和领导的工作需要。

信息存储方式包括计算机信息库存储、档案式保存、汇编资料保存等。

信息存储的方式

实战训练

华盛公司的信息调研工作

1. 课堂讨论

（1）信息对秘书工作有哪些作用？

（2）秘书获取信息的途径有哪些？

2. 分析案例，解决问题

3. 实务训练

通过多种渠道获取关于“人工智能对文秘就业影响”的信息。

实训目的：

通过实训，灵活掌握获取信息的渠道和方法。

实训说明：

阶段	实训任务	要求
分组讨论	1. 本部分实训既可在课堂上进行，也可在授课后集中进行 2. 把全班同学分成若干小组，小组内讨论可以通过哪些渠道和方法获取相关信息	学生全员参与，教师随机指导讨论，15 分钟
成果展示	1. 小组分工合作，通过不同渠道和方法获取相关信息 2. 分析结论，形成汇报材料，各小组派一名代表进行展示	部分任务可以课下完成
总结评价	1. 教师组织学生自由点评，找出各组信息获取渠道与方法的优点和不足 2. 教师总结	15 分钟

4. 课后拓展

“我的信息库”：建立自己的信息库，每天有意识地收集对自己有用的信息，定期整理回顾，与同学交流。

任务二　信息处理和传递

任务导入

中原文化教育有限公司正处于快速发展期，面对日新月异的教育市场，总经理董关礼深知信息的重要性。在召开一次紧急的战略调整会议前，董总需要一份详尽的市场分析报告，以决定公司下一步的发展方向。办公室张主任主动承担起了这项任务。他不仅迅速搜集了市场上最新的数据，还运用自己的专业知识，对这些数据进行了深度分析，最终交给董总一份条理清晰、见解独到的报告。这份报告为董总的决策提供了有力的支持，也让董总对张主任的信息分析能力刮目相看。之后，每当董总需要了解某个项目的进展情况、某项政策的解读或某个市场的动态时，张主任总是能够第一时间提供准确、全面的信息，确保董总能够随时掌握最新的市场动态和竞争对手的情况。张主任出色的信息处理能力和认真负责的工作态度，让董总在决策时更加从容不迫，公司的运营效率也因此得到了显著提升。

任务提出

案例中的张主任在信息处理和传递方面有哪些值得我们学习的地方呢？

任务分析

信息处理和传递是秘书信息工作的核心内容，秘书应熟练掌握信息处理的筛选、校核、加工、编制四个流程，并能及时将处理好的信息传递给相关人员，以帮助相关人员顺利完成工作或做出有效决策。案例中的张主任具备扎实的专业知识、认真负责的工作态度和敏锐的信息洞察力，展现出了一个优秀的秘书应该具备的职业素养。

必备知识

一、信息处理

信息处理是整个信息工作的核心，是保证信息全面、真实、有效的决定性环节之一。信息处理主要有四道程序，即筛选、校核、加工、编制。

（一）信息筛选

信息筛选就是对收集到的大量而繁杂的信息进行鉴别和选择，去粗取精、去伪存真，剔除虚假和无效的信息，提取真实、有价值的信息的过程。

信息筛选的方法

筛选信息的目的是选择对工作有实际指导意义且与业务活动密切相关的信息。在筛选信息时要做到准确、完整和新颖。准确指筛选时要注意信息的真实性，例如，人名、地名及数据都要准确无误；完整指筛选时要注意事物内在发展的连续性，要保证问题的性质、处理方案和发展趋势前后一致，避免片面性；新颖指筛选时要有新思想、新观点，能反映单位出现的新情况、新问题，专家的新建议和行之有效的新经验等。

（二）信息校核

信息校核是指对经过初步甄别的信息做进一步的校验核实，分析信息的可靠程度，以确保信息的真实准确。校核时要以原始材料为依据，重点是核实信息中的事实、观点、数据、图表、符号以及时间、地点、人物等。

信息校核的方法

信息校核中不真实的因素

微课：信息的筛选和校核

（三）信息加工

信息加工就是对筛选、校核后的信息进行再认识和提炼，使之更能反映事物本质和特征的过程。信息加工常用的方法有以下几种。

1. 提炼充实

提炼是指从各种已有信息中提取所需要的信息（如主题、观点、材料等）并进行深加工的过程。充实是指对零碎、杂乱而有用的信息，弄清其性质、范围、意义和发展趋势，充实它的内容，使之成为完整、深刻和系统的信息的过程。

2. 综合分析

综合分析是指围绕某一问题，将某个阶段内获取的与之有关的相同、近似或相反的原始信息汇集在一起，作为一个整体进行归纳、分类、深加工，做出定性、定量分析和判断，发现带有规律性的变化和具有倾向性的问题。这对领导掌握全局、预测未来、指导工作有着重要的参考价值。

3. 提出意见

提出意见是指根据已知信息，在综合分析的基础上，通过逻辑推理得出新结论，提出建议，供领导参考。这既是信息处理的重要一环，也是秘书信息工作与其他部门信息工作的显著区别之一。

4. 修饰润色

修饰润色即对信息材料的语言文字、篇章结构等方面进行整饬，使之臻于完善。信息是各种文书写作的基础之一，也是领导决策的重要依据，把信息材料写得短些、好些，至关重要。

信息编制的类型和步骤

（四）信息编制

编制就是对筛选、加工后的信息进行编写，制成信息文书或信息刊物的工作。它是对信息进行有序处理的过程，即用书面形式对信息进行文字润色、提炼和有序化处理，以大大提高信息的质量和实用价值。秘书可将信息编制成摘要、图表、简报、快讯、综述、述评等，以方便信息的利用。编制时主要将信息分为标题和正文两部分。标题应一目了然地概括出正文的内容，力求主题鲜明、角度新颖、简洁醒目。正文应开门见山，以叙述方式为主，要做到语言精练、结构严谨、内容客观，尽量用数据说话。此外，为适应变化的需要，还要写明信息获取或发出的时间。

二、信息传递

信息经过有效加工后，需要通过各种传播途径及时提供给相关接收者和使用者。传递使信息获取、处理成为有效的劳动。一般而言，信息传递的速度越快、范围越广，信息利用率就越高。在信息传递中，要注意合理分流，即将各方汇集的信息，经综合整理和科学分类后合理投送，从而更适合相关人员利用。

微课：信息的传递

（一）信息传递的具体途径

信息传递的具体途径主要有以下两种分类方法：

（1）按信息传递的具体方式划分，可分为口头传递、电信传递和书面传递。

（2）按信息传递的通道数量划分，可分为单通道传递和多通道传递。

（二）信息传递的基本要求

1. 数量要大

数量要大要求在一定条件下传递的信息数量尽可能大且内容全面、丰富，或者说在一定渠道中通过的信息要尽可能多。

2. 速度要快

速度要快指信息的传递要特别注意时效性，要求在尽可能短的时间内将信息送达指定目标。信息对领导个人或领导机关是否有用，除了取决于信息本身的质量外，还与信息传递的速度有很大关系。因此，要尽量简化周转层次和审批手续，多运用直达的、先进的通信手段，以提高信息的时效性。

3. 质量要高

质量要高要求信息的传递准确可靠，防止失真。信息传递的过程本身要具有客观真实性，不能受传递者主观随意性的影响。

4. 费用要低

费用要低要求在信息的传递中讲求经济效益，多利用现代先进的通信技术和工具，如互联网，以最少的费用传递尽可能多的信息。

5. 保密性要强

领导机关发出的信息很多都具有机密性，而现代化的信息传递手段往往增加了保密的难度。重要的机密信息应以机密通道传递，并尽量缩小传递范围。

实战训练

从“杨修之死”看秘书领会信息的禁忌

1. 课堂讨论

（1）信息校核方法有哪些？

（2）谈谈不同信息传递方式的优缺点。

2. 分析案例，解决问题

3. 实务训练

国家统计局数据显示，××××届本科、高职毕业生平均月收入（本科：5 990 元，高职：4 595 元）较 2021 届分别增长了 3%、2%，起薪增幅较上一届（2021 届本科、高职毕业生起薪增幅分别为 7%、6%）下降了 57%、67%。近六成本科生、超八成高职生起薪在 6 000 元以下。从应届大学生起薪分布来看，2022 届本科、高职毕业生毕业半年后平均月收入在 6 000 元以下的比例分别为 57.7%、82.1%，在 6 000～8 000 元的比例分别为 24.1%、11.9%，在 8 000 元以上的比例分别为 18.2%、6.0%。其中，2022 届本科毕业生毕业半年后平均月收入在 10 000 元以上的比例仅为 6.9%，显示毕业即起薪过万的仅是少数。

假设你是某校领导的秘书，领导想要了解××××届大学生就业收入水平，请选择合适的图表类型，用直观、简明的方式传递上述数据信息。

实训目的：

通过实训，学会用图表的方式传递信息。

实训说明：

阶段	实训任务	要求
分组讨论	1. 本部分实训既可在课堂上进行，也可在授课后集中进行 2. 把全班同学分成若干小组，小组内讨论图表有哪几种类型，以及不同类型的图表在信息传递方面有什么优缺点	学生全员参与，教师随机指导讨论，15 分钟
上机操作	将材料中的信息转换为图表的形式进行传递，各小组分别派一名代表进行展示	图表应简洁、准确、美观，20 分钟
总结评价	教师进行评价，并总结使用图表进行信息传递的方法和要点	评价要有针对性，15 分钟

4. 课后拓展

“谣言粉碎机”：搜集你听到过的虚假信息，运用多种信息校核方法进行分析、核实，并把信息校核过程分享给大家。

任务三 信息利用和反馈

任务导入

办公室文员温暖初入职场，对待工作热情，但缺乏经验，尤其是在信息工作方面显得力不从心。温暖常常忙于处理各种日常琐事，却忽视了及时向上级反馈工作的进展和遇到的问题，导致一些工作延误甚至出现失误。

面对温暖的困惑，办公室张主任耐心地传授自己信息工作的经验，在张主任的指导下，温暖开始逐步改进自己的工作方式：比如建立了一个详细的工作日志，记录每天的工作任务、进展情况，及时向上级反馈工作进度和问题；根据工作内容和工作重点，有针对性地收集、整理信息，方便今后的信息利用……

任务提出

信息工作的最后一步是信息传递吗？信息的利用和反馈对信息工作的意义是什么？

任务分析

信息工作包括信息获取、存储、处理、传递、利用和反馈等一系列活动。秘书对信息进行获取、处理等工作的最终目的是使信息得到合理的利用，同时在应用过程中得到及时的反馈，使组织工作顺利进行。再好的信息，如果得不到有效的利用和及时的反馈，其作用就无从显现。因此，在信息工作中，一定要重视建立并完善信息的利用和反馈机制。

必备知识

一、信息利用

（一）信息利用的程序

信息利用的程序主要有以下几步：第一，分析和预测信息利用需求的特点，把握信息利用需求的发展规律；第二，了解信息的内容和成分，熟悉各种信息检索工具的使用方法；第三，向信息利用者介绍相关的信息线索，提供信息咨询服务；第四，提供所需的信息及信息加工品。

（二）信息利用的要领

要有效利用信息，必须把握好以下要领：

第一，思维灵敏，即思维要敏捷。

第二，有针对性地广泛收集足够数量的信息。

第三，善于分析、研究信息。要有筛选、整理信息的能力，善于综合分析和研究信息；分析信息不仅要定量，而且要定性；要学会用联系的、发展的辩证观点去深入地分析、研究信息。

第四，多角度思考。对信息要从不同方位、不同角度、不同侧面和不同层次，使用不同的思维方式和方法来思考，从而引发灵感、产生联想、受到启示，进而对信息产生新的认识，挖掘和发现信息的新价值。

第五，把握机遇，及时利用。要讲究时效，快速地运用信息，使信息尽快地转化为效益。

（三）信息利用中的问题

1. 信息采用率问题

这是衡量秘书信息工作成效的重要指标。为提高信息采用率，在信息工作中要注意以下几点：（1）突出亮点信息，指具有创新性、独特性或显著成效的信息。（2）突出问题类信息，指反映组织或个人在工作中遇到的问题、挑战或困难的信息。（3）突出事件具有“第一”特质的信息，指具有首创性、领先性或首次发生的事件信息。（4）突出事物具有“全部”特质的信息，指全面反映事物发展过程和面貌的信息。

2. 负面信息如何处理的问题

秘书人员在报送信息时不仅要报喜，更要报忧，也就是负面信息。若知忧不报，只会造成负面情况的蔓延，给工作带来重大损失，这是秘书信息工作的严重错误。

3. 预测信息的报送问题

加强预测信息的报送是秘书信息工作的一个重点内容。要做好预测信息的报送工作，就要提高秘书人员的判断力。

秘书人员如何提高预测信息时的判断力

二、信息反馈

信息反馈是指信息控制系统把信息发送出去后，又把信息的作用结果输送回来，并对信息的再输入产生影响，起到控制作用的过程。

信息反馈的技巧如下。

反馈信息的类型

（一）审时度势，控制正负反馈量

秘书人员要合理控制决策实施的各个不同阶段中正负信息的反馈量。按照决策实施一般进程的需要，初期应适当加大负反馈，以便帮助领导及时发现问题，采取纠偏除弊的措施；中期要注意控制负反馈、加强正反馈，以便帮助领导发现经验，加以推广，使决策的实施更加深入；后期要注意正负反馈的结合，以便既总结出经验成果，又找出问题教训，使决策得到完善。此外，还要注意决策实施的不同情况下正负反馈量的控制，当某项决策的实施比较顺利时，要注意控制正反馈；当某项决策的实施困难较大时，要注意控制负反馈。同时正负反馈量的控制，必须坚持实事求是和辩证分析的方法，做到客观地反映情况。

（二）及时追踪，二次反馈

二次反馈是指对上一次反馈所产生的效果的反馈。在第一次反馈之后，领导会对反馈信息进行分析研究，并制定纠偏除弊的措施加以实施，然而要想知道新的措施效果如何、是否应进一步采取措施，就需要进行二次反馈，依次类推，目的是使决策实施效果最终与决策预期目标基本相符。

（三）合理分流，保证畅通

这是指根据信息内容的不同使反馈信息分别流向不同的方向，从而保证本单位与上下级之间信息畅通。对上级单位决策的实施情况，反馈信息既要流向上级单位领导，也要流向本单位领导；对本单位领导决策的实施情况，反馈信息一般只流向本单位领导，但有时也需要流向上级单位、下级单位的领导。秘书要掌握好反馈信息的流向，该分流时要分流，该截流时要截流，使反馈信息发挥应有的作用。

实战训练

秘书人员的信息调研与开发利用工作

《大一学生兼职情况调查报告》

1. 课堂讨论

（1）信息利用的要领有哪些？

（2）信息反馈的技巧有哪些？

2. 分析案例，解决问题

3. 实务训练

参考《大一学生兼职情况调查报告》，从多种渠道收集与秘书职业相关的岗位招聘信息，制作一期《求职参考简报》。

实训目的：

通过实训，掌握信息利用方法。

实训说明：

阶段	实训任务	实训要求
收集和整理信息	1. 本部分实训既可在课堂上进行，也可在授课后集中进行 2. 把全班同学分成若干小组，小组内成员进行分工，利用互联网、报刊等，收集相关信息，然后进行整理和分析	整理信息时要注意信息的筛选和校核
制作简报	用收集到的信息整理成《求职参考简报》，小组之间相互传阅借鉴	注意简报的内容和格式，合作分工完成
总结评价	1. 学生之间互评，进行打分 2. 教师总结	评价时要考虑相关信息的参考价值

4. 课后拓展

回顾自己建立的“信息库”，想一想这些信息可以从哪些方面利用以发挥其价值，整理并与同学交流。

参考文献

1. 陈韵，邹远志，武端理．秘书实务［M］. 北京：清华大学出版社，2022.

2. 黄海．办公室工作实务［M］. 4版．北京：电子工业出版社，2020.

3. 焦名海．秘书理论与实务［M］. 4版．大连：大连理工大学出版社，2022.

4. 劳动和社会保障部中国就业培训技术指导中心组．秘书国家职业资格培训教程［M］. 北京：中央广播电视大学出版社，2013.

5. 林静．秘书实务精讲与实训［M］. 北京：清华大学出版社，2023.

6. 罗春娜，张智．秘书实务［M］. 北京：清华大学出版社，2014.

7. 宋湘绮，刘伟．项目化：秘书综合实训［M］. 北京：电子工业出版社，2009.

8. 谭书旺．办公室事务管理［M］. 北京：中国轻工业出版社，2016.

9. 陈斯．行政办公实务：从入门到精通［M］. 北京：中国铁道出版社，2023.

10. 王雯．办公室事务管理［M］. 北京：社会科学文献出版社，2023.

11. 沈佳乐．办公室事务管理［M］. 2版．北京：高等教育出版社，2023.

12. 徐飚．秘书实务［M］. 北京：高等教育出版社，2023.

13. 王玉霞．办公室事务管理［M］. 北京：清华大学出版社，2021.

14. 王芬．秘书礼仪实务［M］. 北京：电子工业出版社，2009.

15. 葛红岩．新编秘书实务［M］. 4版．北京：高等教育出版社，2019.

16. 肖云林．秘书综合实训［M］. 5版．大连：大连理工大学出版社，2021.

17. 谭一平．秘书工作案例分析与实务［M］. 北京：中国人民大学出版社，2007.

18. 董险峰．秘书原理与实务（含实训）［M］. 杭州：浙江大学出版社，2014.

19. 杨群欢，李强华．秘书理论与实务［M］. 重庆：重庆大学出版社，2010.

20. 王爱民．秘书实务［M］. 西安：西北工业大学出版社，2010.

21. 杨艳，成怡，陈露晓．秘书实务［M］. 西安：世界图书出版公司，2018.

22. 刘小玲，赵文阁，谢建文．秘书职业概论［M］. 北京：航空工业出版社，2010.